INHALT

Pour faire les exercices du *Cahier d'activités*

Choisissez une situation.	Wählt eine Situation.
Cochez la bonne traduction.	Kreuzt die richtige Übersetzung an.
Complétez.	Vervollständigt/Ergänzt.
Continuez.	Macht weiter.
Contrôlez vos solutions.	Überprüft eure Lösungen.
Corrigez.	Korrigiert.
Dessinez les objets.	Zeichnet die Gegenstände.
Ecoutez le CD (une deuxième/troisième fois).	Hört die CD (ein zweites/drittes Mal).
Ecrivez dans votre cahier.	Schreibt in euer Heft.
Ecrivez un dialogue.	Schreibt einen Dialog.
Jouez.	Spielt.
Lisez le dialogue. Puis, jouez-le.	Lest den Dialog. Spielt ihn dann vor.
Posez des questions et répondez.	Stellt Fragen und beantwortet sie.
Regardez les noms.	Schaut euch die Namen an.
Relisez le texte.	Lest den Text noch einmal.
Répétez les rimes en classe.	Tragt die Reime in der Klasse vor.
Trouvez les mots/les phrases correctes.	Findet die Wörter/die richtigen Sätze.
Utilisez les mots suivants.	Benutzt die folgenden Wörter.

Meine Sprachen

Bestimmt bist du schon mit einigen Sprachen in Kontakt gekommen. Welche sind das?

Zu Hause spreche ich: ______________________________

Mit meinen Freunden spreche ich: ______________________________

Ich habe Freunde, die sprechen als Muttersprache: ______________________________

Diese Sprachen lerne ich in der Schule: ______________________________

Diese Sprachen habe ich schon außerhalb der Schule, z.B. in den Ferien,

gehört oder gesprochen: ______________________________

Diese Sprache gefällt mir am besten: ______________________________

Diese Sprache(n) möchte ich gerne lernen: ______________________________

Wie ich Sprachen lerne

So lerne ich am besten …

… Vokabeln: ______________________________

… Grammatik: ______________________________

Und so übe ich …

… die Aussprache: ______________________________

… die Rechtschreibung: ______________________________

Was ich beim Sprachenlernen am liebsten mache: ______________________________

____

La France

Diese französischen Wörter kenne ich schon: ______________________________

____

Was ich gerne über Frankreich wissen möchte: ______________________________

____

In welchen Ländern spricht man sonst noch Französisch? ______________________________

____

Salut!

Dieses *Cahier* wird euch in eurem ersten Jahr Französisch begleiten. Ihr wollt wissen, was euch erwartet? Blättert es doch mal durch!

- Ihr findet jede Menge Übungen, in denen ihr anwenden könnt, was ihr im Schülerbuch gelernt habt. Es gibt auch Spiele und Rätsel, Lieder und Gedichte. Und in der Mitte befinden sich mehrere Bastelbögen.
  Im *Annexe* (Anhang, ab Seite 89) sind drei Tandembögen. Damit könnt ihr zu zweit Gespräche auf Französisch üben.
- Zur Vorbereitung eurer Klassenarbeiten findet ihr nach jeder Lektion spezielle Selbstkontroll-Übungen (*auto-contrôle*, z. B. S. 9, 19, 30–31), mit denen ihr überprüfen könnt, ob ihr den Stoff beherrscht.*
- „Das kann ich schon!“: An drei Stellen im *Cahier*, nämlich nach den Lektionen 3, 6 und 9, habt ihr die Möglichkeit, eure Fortschritte selbst einzuschätzen. Wenn ihr die Ergebnisse in den Eiffelturm am Ende des *Cahiers* übertragt, entsteht Etage für Etage euer eigener „Französisch-Turm“.

Und nun: *Viel Spaß und Erfolg mit eurem Cahier!*

* Die Lösungen findet ihr ab S. 92.

LEÇON 1

atelier

1 Qui est-ce? *(G 1, 2) → nach SB Ü 2, S. 10*

Complétez. (Ergänzt.)

1. – Qui est-ce? C'est Charlotte?
   – Non, c'est monsieur Renaud.
2. – Qui est-ce? – C'est Léo.
3. – Qui est-ce? – C'est Charlotte.
4. – Qui est-ce? C'est Amélie?
   – Non, c'est Pierre.
5. – Qui est-ce? C'est monsieur Renaud?
   – Non, c'est Amélie.

2 Je m'appelle Julien. *(Bastelbogen I) → zu SB Ü 3, S. 11*

Habt ihr euch schon einen französischen Vornamen aus der Übung 3 im Schülerbuch ausgesucht?
Dann bastelt jetzt ein deutsch-französisches Namensschild!

3 Salut! *→ nach SB Ü 4, S. 12*

a *Complétez.*

b *Ecrivez un dialogue. (Schreibt einen Dialog.)*

Charlotte: Salut, Amélie!

Amélie: Salut, Charlotte!

Charlotte: Ça va?

Amélie: Oui, ça va. Et toi?

Charlotte: Merci, ça va.

Merci Amélie va ça va ~~Salut~~ Ça

Oui Salut va ça toi Charlotte Et

c *Lisez le dialogue. Puis, jouez-le. (Lest den Dialog. Spielt ihn dann vor.)*

4 Ça va! *→ nach SB Ü 4, S. 12*

Ecoutez le CD. (Hört die CD.) Puis, complétez le dialogue. (Ergänzt dann den Dialog.)

1. *Pierre:* Salut, Amélie!
   Amélie: Salut, Pierre! Ça va?
   Pierre: Oui, ça va. Et toi?
   Amélie: Ça va, merci.

2. *Pierre:* Voilà Kiki avec monsieur Renaud!
   Amélie: Kiki? Ah, oui! C'est un chien!
   Pierre: Et c'est la copine de Léo.
   Amélie: Bonjour, monsieur Renaud!
   Pierre: Salut, Kiki!

1

5 stratégie Mon fichier *(Mein Karteikasten)* → *nach SB Ü 5, S. 12*

In jeder Lektion gibt es einen *On dit*-Kasten mit wichtigen Redewendungen.
Am besten schreibt ihr sie auf Karteikarten und sammelt sie in einem passenden Pappkarton: Dann habt ihr sie immer zur Hand.

Tipp:
Schneidet aus Zeitschriften oder Prospekten französische Wörter und Bilder aus und klebt sie auf den Karton. Jetzt sieht euer Karteikasten richtig französisch aus!

VOC 6 Zut! *(G 3)* → *nach SB Ü 6, S. 12*

*Schreibt die Wörter, die ihr in der Zeichnung erkennt, mit dem passenden Artikel (**un** oder **une**) auf. Malt dann in der Zeichnung blau an, was im Französischen männlich ist und rot, was weiblich ist.*

1. un chien
2. une quiche
3. un poulet
4. un copain
5. une copine

7 Léo est un poulet?! *(G 3)* → *nach SB Ü 6, S. 12*

Trouvez les phrases correctes (findet die richtigen Sätze), puis écrivez.

1. C'est	un	chien.
2. Amélie est	une	copine de Charlotte.
3. Kiki est		poulet.
4. Léo est		quiche.
5. Voilà		copain de Kiki.

1. C'est un poulet.
2. Amélie est une copine de Charlotte.
3. Kiki est un chien.
4. Léo est un copain de Kiki.
5. Voilà une quiche.

8 Les sons *(Die Laute)* *→ nach SB Ü 7, S. 12*

Ecoutez le CD. Puis, écrivez les mots (die Wörter).

[wa] wie in «moi»
voilà
toi
moi
ouah! ouah!

[ʒ] wie in «je»
Julien
Julie
bonjour

[ɛ̃] wie in «copain»
chien
un
Julien

[in] wie in «copine»
Marine
Céline

9 Kiki, Rémi, Julie *→ nach SB Ü 7, S. 12*

a *Ecoutez le CD. Puis, répétez les rimes en classe.*
(Tragt dann die Reime in der Klasse vor.)

Salut, Léo! Salut, Kiki!
Ouah, ouah, Rémi! Ouah, ouah, Julie!

Bonjour, Léa, ça va?
Ça va. Et toi, Sarah?

b *Regardez les noms (Schaut euch die Namen an)*
et complétez les rimes.
Puis, lisez et répétez les rimes.

madame Renaud, Léa, Fatima, Malika, Léo, monsieur Renaud, Rémi, Marine, Théo, Naomie, Benoît, Sarah, Céline, Isabelle, Amélie, Julie, Amina

Voilà Malika et Fatima.
– Ça va, Fatima?
– Ça va, Malika!

– Salut! Comment tu t'appelles?
– Je m'appelle Isabelle.
Et toi?
– Moi, je m'appelle Benoît.

– Au revoir, Julie / Théo / Amina / Amélie / Céline / ...!
– Au revoir, Rémi / Léo / Malika / Naomie / Marine / ...!

– Ça va, Julie / Rémi / Naomie / Amélie?
– Ça va! Merci!

1 △ 10 En français *(Auf Französisch)*: Frédéric et Lara → *nach SB Ü 7, S. 12*

Du bist in den Ferien auf einem französischen Campingplatz und willst gerade zum Strand gehen. Frau Arnaud sitzt an der Rezeption.

1. Du begrüßt Frau Arnaud und fragst, wie es ihr geht.	1. Bonjour, madame Arnaud! Ça va?
2. Sie bedankt sich und sagt, dass es ihr gut geht.	2. Merci. Ça va.
(Nun kommt Frau Arnauds Sohn Frédéric hinzu.) 3. Er begrüßt dich und stellt sich vor.	3. Salut! Je m'appelle Frédéric.
4. Frédéric fragt, wie du heißt.	4. Comment tu t'appelles?
5. Du stellst dich vor.	5. Je m'appelle …
(Plötzlich ruft Frédéric: «Lara! Non!») 6. Du fragst, wer Lara ist.	6. Lara? Qui est-ce?
7. Frédéric antwortet, dass Lara ein Hund ist.	7. C'est un chien.
(Zwei Freunde von Frédéric kommen vorbei.) 8. Frédéric sagt, dass Marc ein Freund und Céline eine Freundin ist.	8. Marc, c'est un copain, et Céline, c'est une copine.
9. Am Abend verabschiedest du dich von den drei Freunden und von Frau Arnaud.	9. Salut, Frédéric! Salut, Marc! Salut, Céline! Au revoir, Mme Arnaud!

VOC 11 Mots cachés *(Versteckte Wörter)* → *an beliebiger Stelle*

Trouvez les mots. (Findet die Wörter.)

I	T	R	A_2	Q	F	S	I	O	R	A	G	U	I	S	Q
Q	U	I	C	H	E	N	K	T	F	L	A	H	U	A_8	Z
U	R	B	C	A	U	R	D	Y	M_3	X	V	O	I	L	À
E	F	H	I	K	H	M	A	D	A	M	E	L	P	U	B
R	C	T	Y	C	S	E	S	D	F	M	C	U	M	T	O
B_4	O	N	J	O	U	R	P	I	Z	U	I	Q	O	I	J
L	P	A	E	P	R	C	H	I	E	N	G_1	U	X	E	I
R	A	T_7	V	I	E	I	R	D	Y	O	U	I	R	K	I
U	I	P	O	N	N	K	M	I	O	N	K	H	U	Z	P
O	N	O	I	E_5	E	W	R	E	Y	S	I	B	Z	U	T_6

1. oui
2. non
3. quiche
4. voilà
5. madame
6. bonjour
7. chien
8. zut
9. copain
10. copine
11. merci
12. qui
13. salut
14. tu
15. je
16. avec

Tragt die Buchstaben aus dem Rätsel ein, und ihr findet das Stadtviertel von Charlotte, Amélie und Pierre.

G	A	M	B	E	T	T	A
1	2	3	4	5	6	7	8

auto-contrôle

1 Qu'est-ce qu'on dit en français? *(Wie sagt man das auf Französisch?)*

Du lernst französische Jugendliche kennen.

1. – Hallo! Salut!
   – Guten Tag! Bonjour! Wie heißt du? Comment tu t'appelles?
2. – Ich heiße … Je m'appelle …
3. Wer ist das? Qui est-ce?
   – Das ist Kiki. C'est Kiki. Und da ist Léo. Et voilà Léo.
4. – Wie geht's? Ça va?
   – Danke, gut! Merci, ça va!
5. – Tschüss! Salut!
   – Auf Wiedersehen! Au revoir!

2 Un/une *(G 3)*

Complétez.

1. Léo est un chien.
2. Pierre est un copain, et Amélie est une copine.
3. Voilà un poulet et une quiche.

LEÇON 2

d'abord

VOC **1 La BD de Charlotte** *(G 3, 4)* *→ nach d'abord, S. 14*

Complétez.

1. Voilà une BD.
   C'est la BD de Charlotte.

2. Voilà une casquette.
   C'est la casquette de Farid.

3. Et voilà un pull.
   C'est le pull de Pierre.

4. Voilà un sac.
   C'est le sac de madame Renaud.

5. Et voilà une quiche.
   C'est la quiche de Kiki.

6. Voilà une banane.
   C'est la banane de Silke.

7. Ah! Voilà un chien.
   C'est le chien de monsieur Renaud.

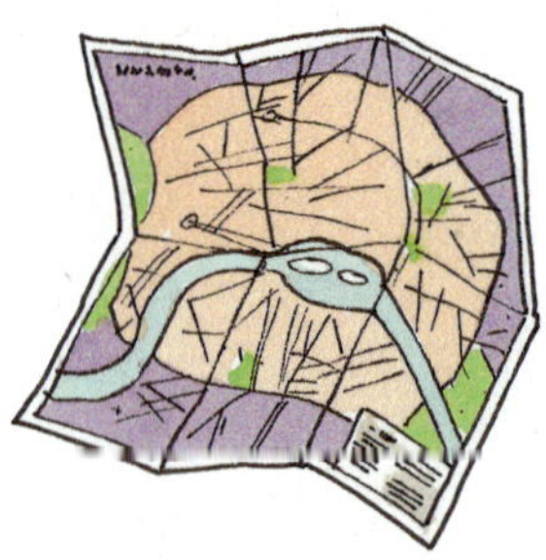

8. Voilà un plan.
   C'est le plan de Kathrin.

9. Et voilà un poulet.
   C'est le poulet de ???

atelier A

2

VOC **2 Dans le quartier Gambetta** → *nach SB Ü 1, S. 15*

Silke und Kathrin haben Fotos im *quartier Gambetta* geschossen und daraus ein Rätsel für die Schülerzeitung gemacht. Könnt ihr es lösen?

Findet die Wörter und schreibt sie zu den passenden Fotos.

g e b u t a t e   n a t e g   u r e

h a r s é p e r m u c

o l e c é   t ô l i h a p

un supermarché

un agent

une école

une rue

un hôpital

une baguette

▽ **3 Un? Une?** *(G 3) → an beliebiger Stelle*

a *Schreibt* **un** *in Blau oder* **une** *in Rot vor die folgenden Wörter. Unterstreicht die Wörter dann jeweils in derselben Farbe.*

un agent	une banane	une BD	une casquette
une chambre	un chien	un copain	une copine
une école	un hôpital	une orange	un plan
un quartier	un pull	une quiche	une rue
une baguette	un poulet	un supermarché	un sac

b *Überprüft eure Lösungen anhand der* Liste des mots *im Schülerbuch, S. 156.*

4 Le chien, la banane et l'agent *(G 4) → nach SB Ü 3, S. 16 und nach CdA Ü 3*

*Schreibt die Wörter aus Übung 3 mit **le**, **la** oder **l'** in Blau oder Rot in euer Heft.*

le quartier la chambre l'agent
l'

5 Silke et Kathrin à Paris *→ nach SB Ü 4, S. 16*

Complétez.

Voilà Kathrin et Silke dans la rue Tenon.

Kathrin: Bonjour, monsieur!

Il y a un supermarché dans le quartier?

Monsieur Renaud: Oui. Le supermarché Casino.

Silke: C'est où sur le plan?

Monsieur Renaud: C'est là, dans la rue de la Chine.

Et voilà Silke et Kathrin dans le supermarché.

Silke: Bonjour, madame. Il y a un parc dans le quartier?

Madame Costa: Oui. Le parc Debrousse[1].

Kathrin: C'est où?

Madame Costa: C'est dans la rue de Bagnolet[2].

6 A Paris, il y a … *(G 3, 4) → nach SB Ü 5, S. 16*

*Bildet Sätze mit **il y a**. Verwendet die Wörter im Einkaufskorb der Reihe nach.*

A Paris, il y a **un** quartier.

1. Dans **le** quartier, il y a une rue.
2. Dans **la** rue, il y a un supermarché
3. Dans le supermarché, il y a un sac.
4. Dans le sac, il y a un chien:

C'est Kiki!

1 **le parc Debrousse** [ləpaʀkdəbʀus] Park im Gambetta-Viertel – 2 **la rue de Bagnolet** [laʀydəbaɲɔlɛ] Straße im Gambetta-Viertel

atelier B

7 Le verbe *être* *(G 5) → zu SB Ü 2 und 3, S. 18*

*Tragt die Formen von **être** ein und schreibt die passenden Pronomen auf die Linien.*

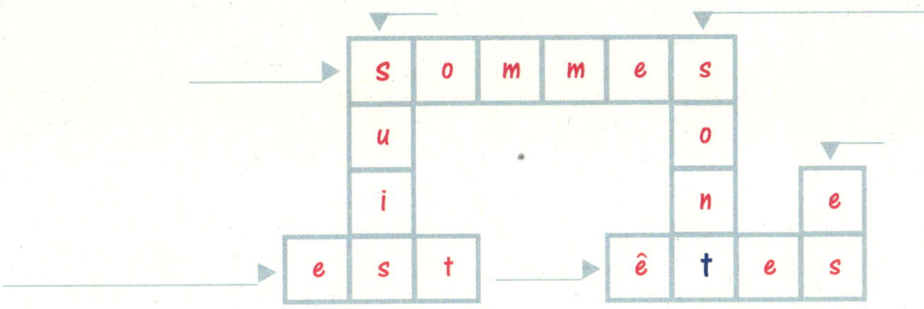

8 Tu es d'où? *(G 5) → nach SB Ü 4, S. 19*

Complétez.

– Je m'appelle Marc. Et toi ?
– Je suis Nicolas .
– Tu es d'où ?
– Je suis de Toulouse. Et toi ?
– Je suis de Brest .

– Je m'appelle Naomie . Et toi ?
– Je suis Florian .
– Tu es d'où ?
– Je suis de Bonn . Et toi ?
– Je suis de Calais .

– Je m'appelle Maxime . Et toi ?
– Je suis Claire .
– Tu es d'où ?
– Je suis de Paris . Et toi ?
– Je suis de Rennes .

Brest [bʀɛst], **Rennes** [ʀɛn] französische Städte

2 *Du lernst ein Mädchen oder einen Jungen aus Lyon kennen. Schreibe den Dialog.*

– Je m'appelle .... Et toi?

– Je suis ....

– Tu es d'où?

– Je suis de Lyon. Et toi?

– Je suis de ....

VOC **9 Gagné!** → *an beliebiger Stelle*

Complétez.

1. Dans le quartier Gambetta, il y a une ?.
2. Monsieur Renaud est dans le ? Casino.
3. Dans le sac de Kathrin, il y a une ?.
4. Dans le sac de Silke, il y a une ?.
5. Farid est le garçon avec la ?.
6. Amélie est une copine de Charlotte. Elle est ?.
7. Farid est le ? de Pierre.
8. Léo est un ?.
9. «On fait un ??»

1				é	c	o	l	e			
2	s	u	p	e	r	m	a	r	c	h	é
3					o	r	a	n	g	e	
4			q	u	i	c	h	e			
5			c	a	s	q	u	e	t	t	e
6					s	y	m	p	a		
7		c	o	p	a	i	n				
8	c	h	i	e	n						
9			m	a	t	c	h				

Die blaue Spalte ergibt das Lösungswort: etwas, das man in Frankreich gern zum Frühstück isst.

C'est un croissant.

Lyon [liõ] französische Stadt

10 Nicolas est de Brest. *(G 5)* *→ nach SB Ü 4, S. 19*

Findet jeweils das passende Satzende und die richtige Form von ***être*** *und schreibt die Sätze.*

1. Silke et Farid
2. Claire, Julien et Nicolas
3. Silke: «Vous
4. Claire: «Julien et moi, nous
5. Et voilà Nicolas. Il
6. Farid: «Moi, je
7. Julien à Silke:[1] «Et toi, tu
8. Silke: «Non. Je

d'où?»

de Paris.»

de Berlin.»

aussi de Paris?»

là aussi.

de Rennes.

à Montmartre.

de Brest. Et vous?»

1. Silke et Farid sont à Montmartre.
2. Claire, Julien et Nicolas sont là aussi.
3. Silke: «Vous êtes d'où?»
4. Claire: «Julien et moi, nous sommes de Rennes.
5. Et voilà Nicolas. Il est de Brest. Et vous?»
6. Farid: «Moi, je suis de Paris.»
7. Julien à Silke: «Et toi, tu es aussi de Paris?»
8. Silke: «Non. Je suis de Berlin.»

---

1 **Julien à Silke** Julien (sagt) zu Silke

11 Une rue à Paris → *nach SB Ü 6, S. 19*

Füllt die Sprechblasen mit den folgenden Dialogteilen.

- Voilà! C'est pour vous.[1]
- Merci!
- Tu es sympa, Léa!

- C'est où?
- C'est là, dans la rue de Bagnolet.

- Vous êtes d'où?
- Nous sommes de Dortmund.

- Bonjour! Il y a un supermarché dans le quartier?
- Oui, le supermarché Eco.

- Qu'est-ce que c'est en français?
- C'est une brioche.[2]

- Moi, je m'appelle Léa. Et toi?
- Je suis Paula. Et voilà Lukas.

1 **pour vous** für euch – 2 **une brioche** [ybʀiɔʃ] frz. Hefegebäck

12 Ils sont où? → *an beliebiger Stelle*

a *Ihr hört drei Szenen. Findet heraus, wo die Personen gerade sind.*

1. Farid est dans le parc Debrousse.

2. Kathrin et Silke sont dans la rue de la Chine.

3. Monsieur Renaud est dans le supermarché Casino.

b *Hört die Szenen noch einmal und vervollständigt die Sätze.*

1. Farid est avec Pierre.

2. L'hôpital Tenon est dans la rue de la Chine.

3. Dans le sac de monsieur Renaud, il y a une baguette

et un poulet.

VOC 13 Qu'est-ce que c'est en français? *(G 6) → nach SB Ü 5, S. 19 und nach CdA Ü 9 und Ü 11*

Mit einem französischen Freund stehst du in Paris vor dem Schaufenster einer Bäckerei. Wie heißen die leckeren Sachen noch mal auf Französisch?

Complétez.

1. – Qu'est-ce que c'est? – C'est une baguette.

2. – Et ça, qu'est-ce que c'est? – C'est un croissant.

3. – Qu'est-ce que c'est? – C'est une quiche.

4. – Et ça, qu'est-ce que c'est? – C'est une brioche.

2

14 En français: Dans le parc Debrousse → *nach SB Ü 6, S. 19*

a *Ecrivez le dialogue.*

(Du bist in Paris und machst gerade eine Pause im Parc Debrousse. Ein französisches Mädchen setzt sich neben dich und spricht dich an.)

1. Das Mädchen fragt, wie du heißt.	1. – Comment tu t'appelles ?
2. Du sagst deinen Namen.	2. – Je m'appelle … .
3. Das Mädchen sagt, dass es Marine heißt.	3. – Moi, je m'appelle Marine .
4. Das Mädchen fragt, woher du kommst.	4. – Tu es d'où ?
5. Du nennst deinen Wohnort.	5. – Je suis de … .

(Marine packt eine Art Kuchen aus, der lecker aussieht.)

6. Du fragst, wie das auf Französisch heißt.	6. – Qu'est-ce que c'est en français? ?
7. Marine sagt, dass es eine Quiche ist.	7. – C'est une quiche .

(Nun hast du auch Appetit auf ein Stück Quiche bekommen …)

8. Du fragst Marine, wo der Supermarkt *Casino* ist.	8. – C'est où, le supermarché Casino ?
9. Marine antwortet, dass der *Casino* in der *rue de la Chine* ist.	9. – Le Casino est dans la rue de la Chine .
10. Du bedankst dich und verabschiedest dich von Marine.	10. – Merci. Salut, Marine .
11. Marine verabschiedet sich von dir.	11. – Salut, … .

b *Spiele den Dialog mit deiner Nachbarin bzw. deinem Nachbarn nach: Lest zuerst abwechselnd. Dann lernt jeder seine Rolle auswendig.*

△ **c** *Schreibe mit deiner Nachbarin/deinem Nachbarn einen ähnlichen Dialog. Ihr könnt z. B. anstelle von Marine einen französischen Jungen nehmen, statt der* quiche *ein* poulet, …

auto-contrôle

1 Qu'est-ce qu'on dit en français?

In einer französischen Stadt

1. Gibt es einen Supermarkt in dem Stadtviertel? Est-ce qu'il y a un supermarché dans le quartier?
2. Wo ist die Schule auf dem Plan? L'école, c'est où sur le plan?
3. Die Schule ist da. L'école est là.
4. Was ist das? Ein Krankenhaus? Qu'est-ce que c'est? Un hôpital?
5. Einverstanden. D'accord.
6. Gewonnen! Das ist cool! Gagné! C'est cool!

2 Un, une / le, la, l' *(G 3, 4)*

Complétez.

1. Voilà une casquette.
   C'est la casquette de Farid.
2. Voilà un sac.
   C'est le sac de Kathrin.
3. Voilà un plan.
   C'est le plan de Silke.
4. Voilà une école.
   C'est l' école de Charlotte.

3 Vocabulaire *(Wortschatz)*

Ecrivez les mots avec **un** *ou* **une**.

1. un pull
2. une banane
3. une orange
4. une BD
5. un sac
6. un garçon

4 Le verbe *être* *(G 5)*

Complétez.

1. Je suis à Paris.
2. Silke, tu es de Berlin, non?
3. Charlotte est la copine d'Amélie.
4. Nous sommes dans le quartier Gambetta.
5. Vous êtes aussi à Paris?
6. Pierre et Farid sont dans le parc Debrousse.

LEÇON 3

d'abord

1 On cherche et on trouve. *(G 7) → nach d'abord, S. 22*

Regardez les CD et complétez.

je cherch_e_ — nous cherch_o_ _n_ _s_

tu cherch_e_ _s_ — vous cherch_e_ _z_

il/elle/on cherch_e_ — ils/elles cherch_e_ _n_ _t_

je trouv_e_ — nous trouv_o_ _n_ _s_

tu trouv_e_ _s_ — vous trouv_e_ _z_

il/elle/on trouv_e_ — ils/elles trouv_e_ _n_ _t_

2 Un, deux, trois … *(G 9) → nach d'abord, S. 22*

Trouvez les nombres et complétez.

3 Où sont les quiches? *(G 8, 12) → nach SB Ü 1, S. 24*

Wie sieht's denn hier aus?
Wo sind Babou, die Quiches, die CDs …
Posez des questions et répondez.
(Stellt Fragen und beantwortet sie.)

1. Où sont les quiches? Elles sont dans le salon.
2. Où est Léo? Il est dans un / dans le carton.
3. Où est la baguette? Elle est dans la chambre de Charlotte.
4. Où sont les CD? Ils sont dans la cuisine.
5. Où est Minette? Elle est dans la chambre de Julie.
6. Où sont les cartons? Ils sont dans le couloir.
7. Où est Babou? Il est dans la douche.
8. Où est le poulet? Il est dans la chambre de Julie.

4 Que fait Charlotte? *(G 7, 11) (Tandembogen im Annexe, S. 89) → nach SB Ü 2, S. 24*

5 Où est la cuisine de Céline? *(G 4, 13)* *→ nach SB Ü 3, S. 24*

*Complétez avec **le, la, l', les**.*

1. Marine cherche __les__ casquettes
   et Charlotte cherche __la__ baguette.
2. Farid et Pierre cherchent __les__ cartons
   et Minette cherche __le__ salon.
3. Julie cherche __la__ copine de Marine
   et Léo cherche __la__ cuisine de Céline.
4. Je cherche __le__ / __les__ CD.
   Et toi? Tu cherches __la__ / __les__ BD?
5. Vous cherchez __la__ rue Gambetta
   et nous cherchons __le__ «Rap à Papa».
6. M. Garnier cherche __le__ plan de Paris
   et Léo cherche __l'__ éléphant de Julie.

6 Chanson[1]: L'anniversaire de Babou *(G 9)* *→ nach SB Ü 4, S. 24*

Ecoutez la chanson et écrivez les nombres.

|: __17__ BD ou __15__ CD?
__3__ copains ou __12__ chiens?
__18__, __19__ ou __13__ cartons
sont dans le salon, sont dans le salon? :|
__15__ CD, __3__ copains et __13__ cartons sont dans le salon
pour l'anniversaire de Babou!

|: __12__ casquettes ou __11__ baguettes?
__4__ quiches ou __5__ poulets?
__14__, __16__ ou __7__ copines
sont dans la cuisine, sont dans la cuisine? :|
__11__ baguettes, __5__ poulets et __7__ copines
sont dans la cuisine
pour l'anniversaire de Babou!

VOC 7 L'intrus *(Der Eindringling)* *→ an beliebiger Stelle*

Welches Wort passt nicht? Streicht es durch.

1	2	3	4	5	6
la banane	le supermarché	Mme Garnier	le salon	chanter	le garçon
la baguette	l'école	Charlotte	~~la casquette~~	chercher	le poulet
~~la fin~~	~~la quiche~~	~~M. Renaud~~	la cuisine	préparer	le CD
le poulet	l'hôpital	Julie	le couloir	~~le quartier~~	~~la rue~~

1 **une chanson** [yn∫ɑ̃sɔ̃] ein Lied

▽ 8 Des CD et des BD (G 7) → nach SB Ü 5, S. 25

*Complétez avec les formes (mit den Formen) de **chercher** et de **trouver**.*

1. Charlotte cherche une BD. Marine est avec Charlotte.

Vendeur[1]*:* Bonjour! Vous cherchez une BD?

Charlotte et Marine: Oui, monsieur. Nous cherchons «Astérix et Latraviata».

Vendeur: Et vous trouvez la BD?

Charlotte et Marine: Oui, merci, elle est là. C'est un cadeau pour une copine.

2. Pierre et Farid cherchent un CD pour Charlotte,

et ils trouvent «Le rap à Paris». Amélie est là aussi.

Pierre: Amélie, tu cherches aussi un CD de rap?

Amélie: Un CD de rap? Non, merci! Moi, je cherche un CD de techno[2].

Pierre: La techno aussi, c'est super, je trouve.

Farid: Et tu trouves un CD de techno?

Amélie: Oui, voilà «La techno à Bordeaux[3]». C'est cool!

VOC 9 Cherchez les mots. → an beliebiger Stelle

*Ecrivez les mots avec **un**, **une**.*

Y	X	E	C	B	A	M	K	J	U	G	E
B	U	M	I	C	O	S	W	S	A	E	L
A	N	N	I	V	E	R	S	A	I	R	E
M	I	B	U	C	X	O	S	L	K	E	P
C	E	C	V	A	N	M	K	O	J	G	H
U	Q	O	C	Q	E	K	I	N	A	Q	A
I	W	C	A	R	T	O	N	H	I	N	N
S	A	U	D	A	E	M	A	C	A	V	T
I	V	B	E	X	K	O	E	M	N	U	L
N	T	T	A	T	D	O	U	C	H	E	R
E	X	K	U	V	C	A	G	H	A	I	R
W	A	C	H	U	C	O	U	L	O	I	R

Waagerecht

1. un anniversaire
2. un carton
3. une douche
4. un couloir

Senkrecht

1. une cuisine
2. un cadeau
3. un salon
4. un éléphant

1 **un vendeur** [ɛ̃vɑ̃dœʀ] ein Verkäufer – 2 **la techno** [latɛkno] Techno –
3 **Bordeaux** [bɔʀdo] Stadt im Südwesten Frankreichs

10 Est-ce que Léo aime les bananes? *(G 7, 10) → nach SB Ü 6, S. 25*

a *Posez des questions avec le verbe (mit dem Verb)* **aimer** *et répondez.*

! Im Gegensatz zum Deutschen stehen **aimer** und **détester** mit dem bestimmten Artikel **le, la, les.**

1. Est-ce que Léo aime les bananes? – Non, il déteste les bananes.
2. Est-ce que Farid aime le rap? – Oui, il aime le rap.
3. Est-ce que M. Renaud aime les BD?
   – Oui, il aime les BD.
4. Est-ce que Pierre et Amélie aiment les quiches?
   – Oui, ils aiment les quiches.
5. Est-ce que Julie et Charlotte aiment la mayonnaise?
   – Non, elles détestent la mayonnaise.
6. Est-ce que Minette aime les chiens? / Est-ce que les chiens aiment Minette?
   – Non, elle déteste les chiens. / Oui, ils aiment Minette.

b **A vous.** *Ecrivez des phrases (Sätze) avec* **aimer** *et* **détester**.

☺ Moi, j'aime ... .

☹ Je déteste ... .

☺ Les copains/copines et moi, nous aimons ... .

☹ Les copains/copines et moi, nous détestons ... .

atelier B

11 L'anniversaire → *nach Texteinführung*

a *Regardez le texte **L'ordinateur de Charlotte …** et corrigez (korrigiert) les phrases.*

1. Dans la chambre de Charlotte, il y a des sacs, ~~trois ou quatre CD et des BD~~. — 1. six ou sept BD et des CD
2. Et là, sur la table, il y a ~~un cadeau~~. — 2. un carton
3. ~~Amélie et Pierre~~ entrent dans la chambre de Charlotte. Les ~~deux~~ copains chantent «Joyeux anniversaire …». — 3. Amélie, Frédéric et Pierre / trois
4. *Amélie:* Qu'est-ce qu'il y a ~~sur la table~~, Charlotte? — 4. dans le carton
5. *Charlotte:* Il y a ~~un éléphant~~, c'est le cadeau d'anniversaire de ~~Julie~~. — 5. un ordinateur / de papa et de maman
6. *Pierre:* Super! Et qui installe ~~l'éléphant~~? Toi? *Charlotte:* Non, c'est ~~papa~~. — 6. l'ordinateur / maman
7. ~~Deux heures plus tard~~ … *Amélie:* Nous sommes ici pour l'anniversaire de ~~Julie~~, Pierre! — 7. Une heure plus tard / Charlotte
8. *Pierre:* Zut! *Frédéric:* Est-ce qu'il y a un problème? *Pierre:* Oui, je cherche ~~le CD «Le rap à Paris»~~. — 8. le CD-ROM pour Internet

b *Gestaltet Geburtstagskarten für Charlotte! Klebt dann eure Karten auf ein Plakat, das ihr in der Klasse aufhängt.*

12 Des chiens dans la douche *(G 7, 10)* → *nach SB Ü 2, S. 27*

a *Posez des questions avec **est-ce qu'il y a** et répondez.*

– Est-ce qu'il y a des quiches dans la cuisine?

– Non, dans la cuisine, il y a des poulets.

– Est-ce qu'il y a des ordinateurs sur la table?

– Non, sur la table, il y a des cartons.

3

– Est-ce qu'il y a des chiens dans la douche?

– Non, il y a des éléphants dans la douche.

(Non, dans la douche, il y a des éléphants.)

– Est-ce qu'il y a des bananes dans le sac?

– Non, il y a des oranges dans le sac .

(Non, dans le sac, il y a des oranges.)

b *Posez des questions avec* ***est-ce que*** *et répondez.*

~~chanter~~ | préparer | installer | entrer

1. les copains – le rap à Paris?

– Est-ce que les copains chantent le rap à Paris?

– Non, ils chantent «Joyeux anniversaire».

2. Pierre – l'ordinateur de Farid?

– Est-ce que Pierre installe l'ordinateur de Farid ?

– Non, il installe l'ordinateur de Charlotte .

3. M. Garnier – une quiche?

– Est-ce que M. Garnier prépare une quiche ?

– Non, il prépare un poulet .

4. Minette – dans la chambre de Julie?

– Est-ce que Minette entre dans la chambre de Julie ?

– Non, elle entre dans la cuisine .

13 Les chambres de Pierre et de Farid *(G 3, 14) → nach SB Ü 3, S. 27*

VOC **a** *Ecoutez le CD et dessinez les objets (zeichnet die Gegenstände).*

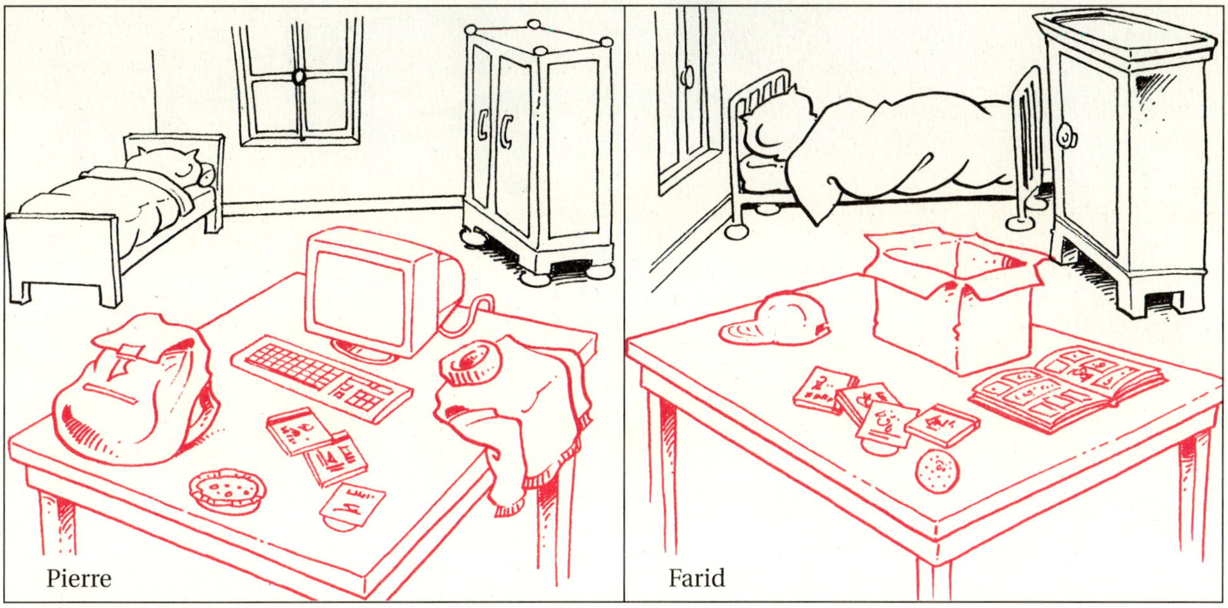

b *Qu'est-ce qu'il y a dans les chambres? Ecrivez.*

Dans la chambre de Pierre, il y a une table, un ordinateur et trois CD-ROM. Il y a aussi un sac, un pull et une quiche.

Dans la chambre de Farid, il y a une table, quatre CD de rap et une BD. Il y a aussi un carton, une casquette et une orange.

c *Vergleicht eure Bilder und eure Sätze mit dem Nachbarn!*

Matthias: Qu'est-ce qu'il y a dans la chambre de Pierre, Anna?
Anna: Il y a une table, …

Anna: Et qu'est-ce qu'il y a dans la chambre de Farid, Matthias?
Matthias: Il y a …

14 Trouvez les mots. *→ an beliebiger Stelle*

VOC

Gesucht sind neue Vokabeln der Lektion 3 B. Wenn ihr Schwierigkeiten habt, schaut sie euch noch einmal an (Schülerbuch, S. 127–128). Die Buchstaben in den gelben Kästchen ergeben das Lösungswort.

1. u n e t a b l e
2. a p r è s
3. m a i s
4. J o y e u x a n n i v e r s a i r e !
5. é c o u t e r
6. s u r I n t e r n e t
7. u n o r d i n a t e u r
8. i n s t a l l e r
9. a p r è s
10. t r o u v e r

Lösung: l a m a y o n n a i s e

VOC

15 Qu'est-ce que c'est? *(G 6, 14) → nach SB Ü 4, S. 28*

Posez des questions et répondez.
Exemple:
1. Qu'est-ce que c'est? **C'est** un éléphant.
2. Qu'est-ce que c'est? **Ce sont** des bananes.

3. Qu'est-ce que c'est? C'est un dé.
4. Qu'est-ce que c'est? Ce sont des BD.
5. Qu'est-ce que c'est? C'est un chien.
6. Qu'est-ce que c'est? Ce sont des oranges.
7. Qu'est-ce que c'est? Ce sont des pulls.
8. Qu'est-ce que c'est? C'est une casquette.

16 Qui …? – Que fait …? Que font …? *(G 11, 15) → nach SB Ü 5, S. 28*

*Ecrivez des questions avec **qui** et avec **que**.*

! Le copain cherche … → Qui cherche …?
Les copains cherch**ent** … → Qui cherch**e** …?

a	**b**
1. M. Garnier prépare une quiche.	
Qui prépare une quiche?	Que fait M. Garnier?
2. Mme Garnier et Julie cherchent un poulet.	
Qui cherche … un poulet?	Que font … Mme Garnier et Julie?
3. Le reporter installe l'ordinateur.	
Qui installe l'ordinateur?	Que fait le reporter?
4. Amélie et Marine trouvent un chien.	
Qui trouve un chien?	Que font Amélie et Marine?
5. Julie chante un rap.	
Qui chante un rap?	Que fait Julie?
6. Pierre cherche un CD-ROM.	
Qui cherche un CD-ROM?	Que fait Pierre?

17 Le son [õ] → nach SB Ü 6, S. 28

a *Hört die CD ein erstes Mal an und kreuzt an, ob die Wörter und Sätze den Nasallaut* [õ] *enthalten.*

b *Hört euch die Wörter und Sätze noch einmal an und schreibt sie in die rechte Spalte. Markiert die Nasale farbig.*

Nasal	kein Nasal	
X		1. le garçon
	X	2. l'ordinateur
X		3. bonjour
X		4. le carton
	X	5. Pierre et Amélie cherchent des CD-ROM.
X		6. Nous préparons le cadeau.

18 La liaison (Die Bindung) → nach SB Ü 6, S. 28

a *Manche Wörter werden in der französischen Aussprache gebunden – das nennt man «liaison». Hört die CD und kreuzt an, ob eine Bindung gemacht wird.*

b *Hört euch die Wörter und Sätze noch einmal an und schreibt sie in die rechte Spalte. Zeichnet die* liaison *mit einem roten Bogen ein.*

Bindung	keine Bindung	
X		1. nous‿aimons
	X	2. Léo cherche Babou.
X		3. les‿agents
X		4. Elles‿aiment les quiches.
	X	5. Charlotte prépare un poulet.
X		6. Vous‿écoutez un rap.

3

auto-contrôle

1 Qu'est-ce qu'on dit en français?

Eine Geburtstagseinladung

1. Ich suche ein Geburtstagsgeschenk. Je cherche un cadeau d'anniversaire.
2. Suchst du eine Rap-CD? Tu cherches un CD de rap?
3. Rap mag ich überhaupt nicht. Je déteste le rap.
4. Herzlichen Glückwunsch zum Geburtstag! Joyeux anniversaire!
5. Mist! Wo sind Léo und Minette? Zut! Où sont Léo et Minette?
6. Sind sie in der Dusche? Est-ce qu'ils sont dans la douche?

2 Les verbes en *-er* *(G 7)*

Complétez.

tu trouves	nous trouvons	trouver	finden
je prépare	ils/elles préparent	préparer	vor-/zubereiten
il aime	vous aimez	aimer	lieben/mögen
tu détestes	vous détestez	détester	gar nicht mögen
je chante	nous chantons	chanter	singen
elle cherche	elles cherchent	chercher	suchen
on écoute	ils/elles écoutent	écouter	hören/zuhören
tu entres	nous entrons	entrer	eintreten
j' installe	vous installez	installer	etwas anschließen

3 Les articles *(Die Artikel) (G 3, 4, 13, 14)*

*Complétez avec **le, la, l', les** ou **un, une, des.***

C'est [1] l' anniversaire de Julien Laroche. Dans [2] la chambre de Julien,

[3] les copains chantent «Joyeux anniversaire». Dans la chambre, il y a [4] une table.

Et sur [5] la table, il y a [6] un carton. Dans [7] le carton, il y a [8] un éléphant.

[9] L' éléphant, c'est [10] un cadeau. Cool!

Dans la cuisine, il y a [11] un poulet. [12] Les copains de Julien adorent [13] le poulet

et [14] la mayonnaise. Il y aussi [15] une baguette, [16] des bananes et [17] des oranges.

Et que font les copains? [18] Ils font un match dans le parc Debrousse!

4 Vocabulaire

*Finde die Wörter und ordnet sie in die Tabelle ein. Schreibt **un** oder **une** zu den Nomen.*

STALLERIN | LONSA | ROM-CD | BRECHAM | MENTPARTEAP

LOIRCOU | TERNETIN | SINECUI | TEURNADIOR

1. un appartement
2. un couloir
3. un salon
4. une cuisine
5. une chambre

1. un ordinateur
2. installer
3. Internet
4. un CD-ROM

Das kann ich schon!

In den ersten Lektionen hast du eine Menge gelernt: Du kannst dich in bestimmten Situationen auf Französisch **verständigen**, hast **Lerntechniken** erworben und einiges über **Frankreich** erfahren. Sieh dir einmal das Inhaltsverzeichnis des Schülerbuchs für die Lektionen 1 bis 3 an. Ergänze dann die Liste und kreuze rechts an, wie fit du bist.		Klappt super!	Das muss ich noch üben!
Sich auf Französisch verständigen	Ich kann …		
	… mich vorstellen und fragen, wie jemand heißt.	☐	☐
	… jemanden begrüßen, mich verabschieden.	☐	☐
	… fragen, wie es jemandem geht.	☐	☐
	… fragen, wie etwas auf Französisch heißt.	☐	☐
	… fragen, woher jemand kommt.	☐	☐
	… fragen, was jemand tut.	☐	☐
	… fragen, wo … jemand/etwas ist.	☐	☐
	… fragen, wer … etwas tut.	☐	☐
	… jdm. zum Geburtstag gratulieren.	☐	☐
	… etwas vorschlagen.	☐	☐
		☐	☐
Lerntechniken	– beim Vokabellernen immer an die Artikel denken	☐	☐
	– mit Karteikarten lernen	☐	☐
	– einen Text nachspielen	☐	☐
	– ein Vokabelnetz erstellen	☐	☐
		☐	☐
Frankreich/französischsprachige Länder	Ich kenne …		
	… einige französische Städte:		
	Paris, Brest, Toulouse, Calais, Rennes, Lyon	☐	☐
		☐	☐
	… einige französische Vornamen:		
	Charlotte, Amélie, Pierre, Farid, Léo, …	☐	☐
		☐	☐
Am liebsten mache ich …			

Schau dir die Liste jetzt noch einmal an:
Wähle aus jedem der vier Bereiche die Einträge aus, die für dich besonders wichtig oder interessant sind.
Trage dann deine Auswahl in die erste Etage des Eiffelturms hinten im *Cahier* ein.

LEÇON 4

d'abord

1 Mon, ton, son (G 16) → nach d'abord, S. 36

a *Charlotte montre ses photos. Complétez avec* ***mon, ma, mes.***

Voilà __mon__ quartier:

1. Voilà __ma__ rue et __mon__ école.
2. Voilà __ma__ classe et __mon__ prof d'allemand.
3. Voilà __mes__ copains.
4. Et voilà __mon__ chien Léo!

! Vor Vokal steht im Singular immer **mon, ton, son** – auch bei einem weiblichen Nomen.

Et voilà les photos de __mon__ anniversaire:

5. Voilà __mes__ copines Amélie et Marine,
6. elles sont dans __ma__ chambre.
7. Et voilà __mon__ ordinateur,
8. __ma__ casquette, __mon__ sac
9. et __mon__ éléphant Babou: C'est le cadeau de Léo.

b *Farid et Pierre sont dans la chambre de Pierre. Complétez avec* ***ton, ta, tes*** *et* ***son, sa, ses.***

Farid: / *Pierre:*

1. C'est __ton__ ordinateur?
   Non, c'est l'ordinateur de maman: C'est __son__ ordinateur.
2. Ce sont __tes__ pulls?
   Non, ce sont les pulls de papa: Ce sont __ses__ pulls.
3. Ce sont __tes__ photos?
   Non, ce sont les photos de Kathrin: Ce sont __ses__ photos.
4. Le plan de Paris, c'est __ton__ plan?
   Non, c'est le plan de Silke: C'est __son__ plan.
5. C'est __ton__ éléphant?
   Mais non! C'est l'éléphant de Léo! C'est __son__ éléphant.
6. Et ça, c'est __ta__ casquette?
   Gagné! C'est __ma__ casquette!

4

atelier A

VOC **2 stratégie Wörter erschließen** *→ nach SB Ü 2, S. 37*

Lisez les textes.

Dans la chambre de Julie, il y a l'éléphant de Léo. Et il y a aussi un lion, une girafe et un crocodile.

M. Garnier aime le café, Mme Garnier aime le thé.

Farid aime le ping-pong – et le volley aussi!

M. et Mme Renaud sont dans un restaurant. Sur la table, il y a un jus d'orange et une bière.

Amélie aime la musique. Elle aime la guitare et le piano.

Welche Sprache hilft euch, die hervorgehobenen Wörter zu verstehen: Englisch oder Deutsch? Kreuzt an und schreibt die deutsche Übersetzung.

1. le lion	X		der Löwe
2. la girafe	X	X	die Giraffe
3. le crocodile	X	X	das Krokodil
4. le café	X	X	der Kaffee
5. le thé	X	X	der Tee
6. le volley	X	X	Volleyball
7. le restaurant	X	X	das Restaurant
8. le jus d'orange	X		der Orangensaft
9. la bière	X	X	das Bier
10. la guitare	X	X	die Gitarre
11. le piano	X		das Klavier

3 Tu cherches ton pull? *(G 16) → nach SB Ü 3, S. 38*

Complétez.

1. Dans la chambre de Farid

Mme Boutal[1]*:* Tu cherches ___ton___ pull?

Farid: ___Mon___ pull? Non!

Je cherche ___ma___ casquette!

2. Dans le salon

M. Garnier: Charlotte, tu cherches ___tes___ photos?

Charlotte: ___Mes___ photos?

Non, je cherche ___mes___ CD!

M. Garnier: Ils sont dans ___ta___ chambre, non?

1 **Boutal** [butal] Familienname

3. Dans le parc Debrousse

Marine: Salut, Amélie. Tu fais __tes__ devoirs?

Amélie: __Mes__ devoirs? Non, euh … Je fais un poème pour __mon__ copain Maxime. Demain, c'est __son__ anniversaire.

4. Dans la chambre de Pierre

Farid: Ah! Tu installes __ton__ ordinateur?

Pierre: Oui. Mais où est __mon__ CD-ROM pour Internet?

5. Charlotte et Amélie

Amélie: Est-ce que Léo cherche __ses__ copains?

Charlotte: Mais non! Il cherche __sa__ copine Kiki …

4 Qu'est-ce qu'ils font? *(G 17) → nach SB Ü 4, S. 38*

*Complétez avec **faire**.*

Mme Garnier: Charlotte, qu'est-ce que tu __fais__ ?

Charlotte: Je __fais__ mes devoirs.

Mme Garnier: Et vous? Qu'est-ce que vous __faites__ ?

Julie et M.Garnier: Nous __faisons__ des quiches.

Mme Garnier: Et Léo, qu'est-ce qu'il __fait__ ?

Julie: Il est avec Kiki.

Mme Garnier: Ah! Qu'est-ce qu'ils __font__ ?

Julie: Ils écoutent un CD.

5 Faire et être (G 5,17) → nach SB Ü 5, S. 38

a *Trouvez les douze formes de* ***faire*** *et* ***être****.*

E	C	R	A	C	F	A	I	T	E	S	S	B	P	A
A	S	A	E	V	P	L	K	A	K	K	F	U	L	M
W	F	A	S	O	M	M	E	S	M	F	A	I	T	V
V	O	D	T	E	I	T	J	P	I	P	I	M	X	W
B	N	R	E	K	I	V	B	A	O	E	S	N	D	S
I	T	E	R	T	U	F	A	I	S	B	O	K	Z	U
O	T	S	O	N	T	E	K	N	F	D	N	O	T	I
P	F	A	I	S	S	I	V	E	T	E	S	P	U	S

△ **b** *Ecrivez six phrases avec* ***faire*** *et six phrases avec* ***être*** *dans votre cahier (in euer Heft).*

Je fais des recherches sur Internet.
Tu …

Je suis à Paris.
Tu …

atelier B

6 Tu es de Toulouse? (G 18) → nach SB Ü 2, S. 40

Kai aus Berlin ist zum ersten Mal bei seinem Freund Julien in Paris.
Juliens kleiner Bruder Alexis stellt ihm viele Fragen.
Répondez avec ***ne … pas****.*

1. – Tu es de Toulouse, Kai?
   – Non, je ne suis pas de Toulouse ______________________.
2. – Alors, tu habites à Paris?
   – Non, je n'habite pas à Paris.
3. – Tu aimes le rap?
   – Non, je n'aime pas le rap.
4. – Tu aimes les BD?
   – Non, je n'aime pas les BD.
5. – Tu aimes le foot?
   – Non, je n'aime pas le foot ______________________.
6. – Tu chantes avec moi?
   – Non, je ne chante pas avec toi ______________________.

– Mais j'ai un cadeau pour toi, Alexis: Voilà!

– Merci. Super! Une casquette de Berlin!

7 Qui est-ce? *(G 18)* → *nach SB Ü 2, S. 40*

Répondez et trouvez …

a

1. Il surfe sur Internet? – Non, il ne surfe pas sur Internet.
2. Il fait ses devoirs? – Non, il ne fait pas ses devoirs.
3. Il aime le cinéma? – Non, il n'aime pas le cinéma.
4. Il aime le roller? – Non, il n'aime pas le roller.
5. Il est à Maurice Ravel? – Non, il n'est pas à Maurice Ravel.
6. Il habite à Bonn? – Non, il n'habite pas à Bonn.
7. Son éléphant s'appelle Babou? – Oui, son éléphant s'appelle Babou.

Alors, c'est Léo!

b

1. Elle habite en Allemagne? – Non, elle n'habite pas en Allemagne.
2. Elle est la copine de Julie? – Non, elle n'est pas la copine de Julie.
3. Elle installe l'ordinateur? – Non, elle n'installe pas l'ordinateur.
4. Elle surfe sur Internet avec Farid? – Non, elle ne surfe pas sur Internet avec Farid.
5. Elle clique sur «Allemagne»? – Non, elle ne clique pas sur Allemagne.
6. Elle adore le cinéma? – Oui, elle adore le cinéma.

Alors, c'est Marine!

8 Vokabelnetz: L'ordinateur → *an beliebiger Stelle*

a *Erstellt ein Vokabelnetz zum Thema **l'ordinateur**. Ihr könnt auch dazu zeichnen.*

b *Ecrivez cinq phrases avec ces mots (mit diesen Wörtern).*

Exemple: L'ordinateur de Charlotte est dans sa chambre.

un ordinateur

installer

une chambre

un CD-ROM

un projet

une page Internet

surfer

4

9 Max est d'où? *→ an beliebiger Stelle*

VOC *Lisez les phrases et complétez.*

1. Charlotte habite 10 rue de la Chine: C'est son ? .
2. Le chien de Charlotte et de Julie, c'est ? .
3. Tu trouves le texte «Le cadeau de Léo» dans la ? 3 .
4. Qui est Babou? C'est un ? .
5. Simon aime le cinéma, le roller et la ? .
6. Marine trouve le cinéma super: elle ? le cinéma!
7. Amélie est une fille, Farid est un ? .
8. sept, huit, ? , dix
9. Pour un garçon, c'est «il»; pour une fille, c'est « ? ».
10. Max habite en ? .

	10							
1	A	D	R	E	S	S	E	
2	L	E	O					
3	L	E	Ç	O	N			
4	E	L	E	P	H	A	N	T
5	M	U	S	I	Q	U	E	
6	A	D	O	R	E			
7	G	A	R	Ç	O	N		
8	N	E	U	F				
9	E	L	L	E				

10 Oui ou non? *→ an beliebiger Stelle*

a *Ecoutez le CD et regardez les photos. C'est oui ou c'est non?*
b *Ecoutez le CD une deuxième fois (ein zweites Mal) et écrivez les phrases.*

oui ☐ non ☒

1. Marine fait ses devoirs.

oui ☐ non ☒

2. Charlotte clique sur France.

oui ☒ non ☐

3. Sur Internet, il y a la photo d'un garçon.

oui ☒ non ☐

4. Max aime le foot.

atelier C Mais Marine ...!

11 David → nach SB Ü 1, S. 41

Lisez les questions et trouvez les réponses (die Antworten).

1. Samedi, le téléphone sonne chez Marine. C'est qui?
2. Qui est David?
3. C'est où, le match de volley?
4. Est-ce que Marine aime le volley?
5. Est-ce qu'elle aime le karaoké?
6. Qui a des CD super?
7. Est-ce que Marine déteste le cinéma?
8. Marine adore «Astérix et Obélix»?
9. Où est Marine dimanche?

- Non, elle déteste le karaoké.
- Elle est devant le cinéma avec Simon.
- Non, ce n'est pas marrant.
- C'est le copain de Marine.
- Non, elle n'aime pas le volley.
- C'est David.
- La sœur de David a des CD super.
- Non, elle adore le cinéma.
- C'est dans la rue Sorbier.

12 Sarah et Théo (G 19) → nach SB Ü 3, S. 42

*Complétez avec **avoir**.*

Sarah: Moi, je m'appelle Sarah. Et toi?

Théo: Je suis Théo.

Sarah: J' __ai__ cinq ans. Et toi? Tu __as__ quel âge?

Théo: Moi, j' __ai__ six ans.

Sarah: J' __ai__ une sœur: Céline. Elle __a__ déjà quinze ans.

Théo: Ma maman et moi, nous __avons__ un chien. Vous __avez__ aussi un chien?

Sarah: Non. Moi, j' __ai__ un éléphant. Mais ma sœur et moi, nous __avons__ un ordinateur!

Théo: Et ton papa et ta maman, ils __ont__ aussi un ordinateur?

Sarah: Oui. Et ils __ont__ une page Internet.

Théo: Ça, c'est cool!

13 En français: Alexandre → *nach SB Ü 4, S. 42*

Du lernst in einer französischen Jugendherberge Alexandre kennen.
Ecrivez le dialogue.

1. Er heißt Alexandre und fragt, wie du heißt.

   Je m'appelle Alexandre. Tu t'appelles comment?

   Du stellst dich vor.

   Je m'appelle ...

2. Er fragt, ob du Tischtennis magst.

   Tu aimes le ping-pong?

   Du findest Tischtennis super.

   Oui, le ping-pong, c'est super!

3. Er fragt, ob du Hunde magst.

   Tu aimes les chiens?

   Du hast Hunde sehr gern.

   Oui, j'adore les chiens.

4. Er fragt, ob du gern im Internet surfst.

   Tu aimes surfer sur Internet?

   Im Internet surfen? Das findest du nicht lustig.

   Surfer sur Internet? Ce n'est pas marrant.

14 Des idées → *an beliebiger Stelle*

△ **a** *Lisez le texte.*

Voilà Charlotte, Amélie, Pierre et Farid.
Ils sont devant l'école.

Pierre: Cool! La prof de français n'est pas là!
Farid: Et alors, qu'est-ce qu'on fait, les copains?
Charlotte: On fait un match de ping-pong, non?
Amélie: Bof! Je n'aime pas ça.
Pierre: Alors, on fait un match de foot?
Charlotte: Ah, non! Je déteste le foot!
Farid: Qu'est-ce qu'on fait alors?
Amélie: J'ai une idée: On écoute des CD chez moi.
Pierre: Bof ... ce n'est pas marrant ...
Charlotte: Oui, super! Mais ... tes parents[1]?
Amélie: Mes parents? Ce n'est pas un problème: Ils adorent la musique!
Farid: Alors, on écoute des CD, d'accord?
Pierre: Hm ... Et qui fait mes devoirs? Toi, Amélie?

1 **les parents** (m.) [lepaʀɑ̃] die Eltern

b *Faites des phrases avec* ***aimer, adorer, détester.***
Ecrivez dans votre cahier.

Exemple:
Charlotte aime le ping-pong.

Charlotte		le ping-pong.
Amélie	♥	le foot.
Pierre	♥♥	les devoirs.
Farid	✗	la musique.
Les parents d'Amélie		les CD.

15 Une interview[1] *(G 20) → nach SB Ü 4, S. 42*

Das Schülerzeitungsteam des *Collège Maurice Ravel* interviewt fünf Schüler.

Ecoutez l'interview deux fois (zwei Mal) et complétez.

		Il / Elle adore …	Il / Elle aime …	Il / Elle n'aime pas …
Amina	âge 11	[ ] le karaoké [ ] le volley [X] les chiens	[X] le karaoké [X] le volley [ ] les chiens	[ ] le karaoké [ ] le volley [ ] les chiens
Mathieu	âge 13	[ ] le ping-pong [ ] le karaoké [X] le foot	[ ] le ping-pong [ ] le karaoké [ ] le foot	[ ] le ping-pong [X] le karaoké [ ] le foot
Céline	âge 14	[X] faire des quiches [X] écouter des CD [ ] les ordinateurs	[ ] faire des quiches [ ] écouter des CD [ ] les ordinateurs	[ ] faire des quiches [ ] écouter des CD [X] les ordinateurs
Frédéric	âge 12	[ ] surfer sur Internet [ ] les chiens [X] le roller	[X] surfer sur Internet [ ] les chiens [ ] le roller	[ ] surfer sur Internet [X] les chiens [ ] le roller
Isabelle	âge 15	[X] le cinéma [X] le rap [ ] les devoirs	[ ] le cinéma [ ] le rap [ ] les devoirs	[ ] le cinéma [ ] le rap [X] les devoirs

16 Un poème *→ an beliebiger Stelle*

Ecoutez et écrivez les mots. Puis, lisez le poème.

Bonjour n'est pas salut.
Un parc n'est pas une rue.
Paris n'est pas Berlin,
mais tu es mon copain.
Céline n'est pas Marine,
mais tu es ma copine.
Chercher n'est pas trouver
et moi, j'adore surfer.

1 **une interview** [ynɛ̃tɛʀvju] ein Interview

4

auto-contrôle

1 Qu'est-ce qu'on dit en français?

Pläne fürs Wochenende

1. – Was machst du am Samstag? Hast du schon eine Idee? Qu'est-ce que tu fais samedi? (Est-ce que) tu as déjà une idée?

2. – Ich weiß nicht. Je ne sais pas.

3. – Das ist kein Problem. Wir haben eine Verabredung mit Simon. Ce n'est pas un problème. Nous avons rendez-vous avec Simon.

4. – Simon mag Volleyball. Und er surft gerne im Internet. Simon aime le volley. Et il aime surfer sur Internet.

5. – Das ist sehr lustig. C'est très marrant.

6. – Also, bis Samstag bei Simon! Alors, à samedi, chez Simon!

2 Vocabulaire

Trouvez les paires (die Paare).

salon, musique, garçon, copine, élève, dimanche, France, ping-pong, cuisine, copain, fille, samedi, foot, Allemagne, karaoké, prof

3 Ne ... pas *(G 18)*

*Faites des phrases avec **ne ... pas**.*

1. Dans le quartier Gambetta, Kathrin et Silke cherchent l'hôpital Tenon?
   Non, elles ne cherchent pas l'hôpital Tenon. Elles cherchent un supermarché.
2. Chez Charlotte, Pierre installe la table de ping-pong?
   Non, il n'installe pas la table de ping-pong. Il installe l'ordinateur de Charlotte.
3. Charlotte et Marine préparent un projet de français?
   Non, elles ne préparent pas un projet de français. Elles préparent un projet d'allemand.
4. Marine adore le volley?
   Non, elle n'adore pas le volley, elle adore le cinéma.

4 L'anniversaire de Julie *(G 17, 19)*

*Complétez avec **faire** ou **avoir.***

Mme Garnier: Samedi, Julie __a__ cinq ans. Qu'est-ce qu'on __fait__ pour son anniversaire?

M. Garnier: Julie adore la quiche … Alors, nous __faisons__ une quiche.

Charlotte: Mmmm! Est-ce que vous __avez__ déjà un cadeau?

Mme Garnier: Mais oui! Nous __avons__ un éléphant.

Charlotte: Ah, c'est marrant! Un copain pour Julie … et pour Babou!

M. Garnier: Et toi, Charlotte? Tu __as__ une idée pour l'anniversaire de ta sœur?

Charlotte: Moi? J'__ai__ une casquette pour Julie. Et puis, je __fais__ un poème.

Mme Garnier: Tu __fais__ un poème? Super!

Charlotte: Oui, et les copains de Julie __ont__ aussi une idée: ils __font__ un rap et ils chantent le rap pour Julie! Papa et toi, vous __faites__ des photos, d'accord?

5 Mon, ma, mes *(G 16)*

Nach der Geburtstagsparty sucht Julie ihre Geschenke.
*Complétez avec **mon, ma, mes** …*

LEÇON 5

d'abord

1 Le verbe *aller* *(G 21)* *→ nach d'abord, S. 44*

a *Verbindet die Pronomen* ***(je, tu, ...)*** *mit der passenden Verbform.*

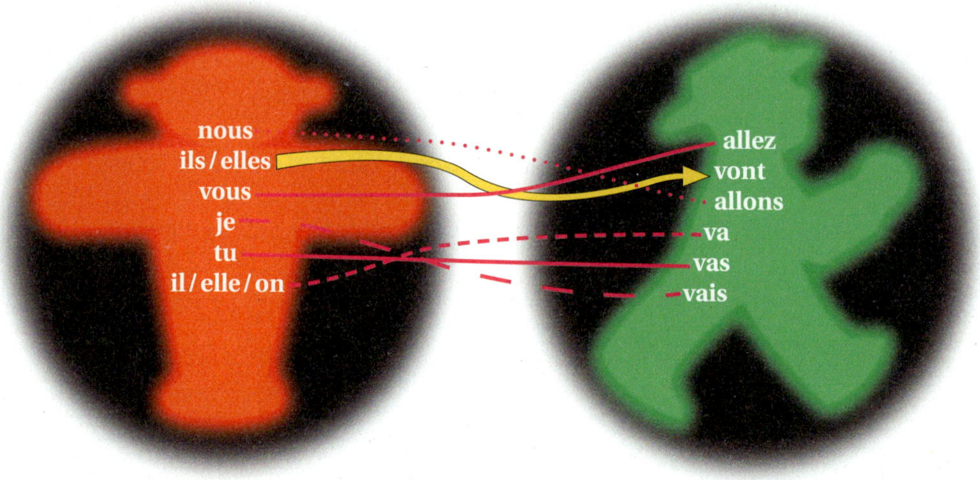

Ihr wollt gleich weitermachen? Stopp! Überprüft erst eure Antworten! Wo könnt ihr die Lösung finden?

b *Deckt die Ampelmännchen jetzt zu und schreibt die Formen von* ***aller*** *aus dem Gedächtnis auf:*

je vais ______ nous allons ______

tu vas ______ vous allez ______

il / elle / on va ______ ils / elles vont ______

2 On va ... *(G 22)* *→ nach d'abord, S. 44*

Ordnet die Wörter zu.

appartement parc hôpital infirmerie
toilettes cantine école ~~gymnase~~
collège cinéma supermarché cuisine

au: gymnase, cinéma, parc, collège, supermarché

à l': appartement, école, hôpital, infirmerie

à la: cantine, cuisine

aux: toilettes

atelier A

VOC **3 Au collège Maurice Ravel** *→ nach SB Ü 1, S. 46*

Complétez les phrases.

1. Dans la classe de Charlotte, il y a trente-trois élèves.
2. Nicolas regarde son emploi du temps avec Charlotte.
3. Après les maths, ils ont une heure d' allemand et deux heures de français.
4. A midi, les élèves arrivent à la cantine.
5. Après, Charlotte montre le collège à Nicolas.
6. Ils vont à la salle vidéo, au gymnase, à l' infirmerie et au CDI.
7. Au CDI, il y a dix ordinateurs.
8. Mme Lacour, c'est la documentaliste.
9. Marine fait ses devoirs au CDI?
10. Mais non! Elle a rendez-vous avec Simon devant le collège … Chut!

VOC **4 Et Mme Lacour?** *(G 22) → nach SB Ü 2, S. 46*

Mme Lacour va où?
Ecrivez des phrases avec ***au, à la, à l', aux*** *et trouvez la solution (die Lösung).*

1. Charlotte va à la C_1 A N T I N E.
2. Nicolas va à la S A_2 L L E V I D E O.
3. Farid va à l' I N_3 F I R M E R I E.
4. Marine va aux T_4 O I_5 L E T T E S.
5. Pierre va au G Y M N_6 A S E_7.
6. M. Fischer va au C D I.
7. Et Mme Lacour? Elle va à la C_1 A_2 N_3 T_4 I_5 N_6 E_7.

5 On va où? *(G 21, 22) (Tandembogen im Annexe, S. 90) → nach SB Ü 3, S. 46*

6 Des éléphants *(G 23) → nach SB Ü 4, S. 47*

a *Ecoutez. Klammert dabei die Zahlenendungen, die ihr nicht hört, ein.*

dix – di(x) casquettes huit – hui(t) BD six – si(x) garçons

b *Ecoutez: Est-ce qu'il y a une liaison? Ecrivez les mots **avec liaison**.*

1. deux eléphants
2. six ordinateurs
3. un hôpital
4. deux exemples
5. huit élèves
6. trois appartements

▽ 7 Les nombres *(G 23) → an beliebiger Stelle*

*Welche Zahlen befinden sich auf **beiden** Karten? Kreist sie ein und schreibt sie neben die Karten.*

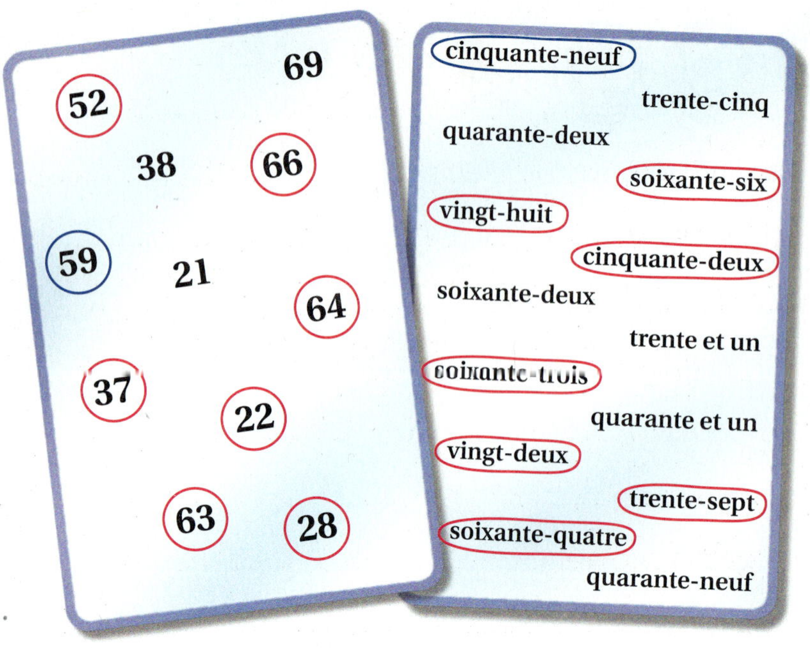

Exemple:

59: cinquante-neuf

66: soixante-six

28: vingt-huit

52: cinquante-deux

63: soixante-trois

22: vingt-deux

37: trente-sept

64: soixante-quatre

8 On fait des maths! *(G 23) → nach SB Ü 5, S. 47*

Posez des questions et répondez.
Exemple:
Anna: Vingt et treize?
Florian: Vingt et treize, ça fait trente-trois.
Quatorze moins cinq?
Anna: Ça fait neuf. …
Continuez.

20 + 13 ?	14 - 5 ?
69 - 57 ?	18 - 7 ?
6 + 21 ?	26 + 33 ?
37 - 14 ?	55 + 11 ?
…	…
…	…
…	…

!
Deux **et** (+) deux, **ça** fait (=) quatre.
Trois **moins**[1] (–) deux, **ça fait** (=) un.

9 Le numéro de Marine *→ nach SB Ü 6, S. 47*

Le téléphone sonne. M. Garnier va au téléphone. Trouvez le bon ordre (die richtige Reihenfolge) et écrivez le dialogue. Ecrivez le numéro de Marine en chiffres (in Zahlen).

Charlooootte! Téléphone! C'est Nicolas.

Euh … non, le français, ce n'est pas un problème … Mais … est-ce que tu as le numéro de Marine?

Je cherche … euh … est-ce que tu as …

C'est le zéro un … quarante-deux … cinquante-cinq … et le soixante-trois.

Super! Merci, Charlotte. Alors, à demain!

Alors, qu'est-ce qu'il y a, Nicolas?

Allô?

Salut, Nicolas! Ça va?

… les devoirs de français? C'est ça?

Ça va.

Bonjour, monsieur! C'est Nicolas Dupont. Est-ce que Charlotte est là?

Euh … à demain, Nicolas!

M. Garnier: Allô?
Nicolas: Bonjour, monsieur! C'est Nicolas Dupont. Est-ce que Charlotte est là?
M. Garnier: Charlooootte! Téléphone! C'est Nicolas.
Charlotte: Salut, Nicolas! Ça va?
Nicolas: Ça va.
Charlotte: Alors, qu'est-ce qu'il y a, Nicolas?
Nicolas: Je cherche … euh … est-ce que tu as …?
Charlotte: … les devoirs de français? C'est ça?
Nicolas: Euh … non, le français, ce n'est pas un problème … Mais … est-ce que tu as le numéro de Marine?
Charlotte: C'est le 01.42.55.63.
Nicolas: Super! Merci, Charlotte. Alors, à demain!
Charlotte: Euh … à demain, Nicolas!

1 **moins** [mwɛ̃] minus

10 stratégie Mon fichier de verbes *(G 21) → an beliebiger Stelle*

a *Complétez les cartes.*

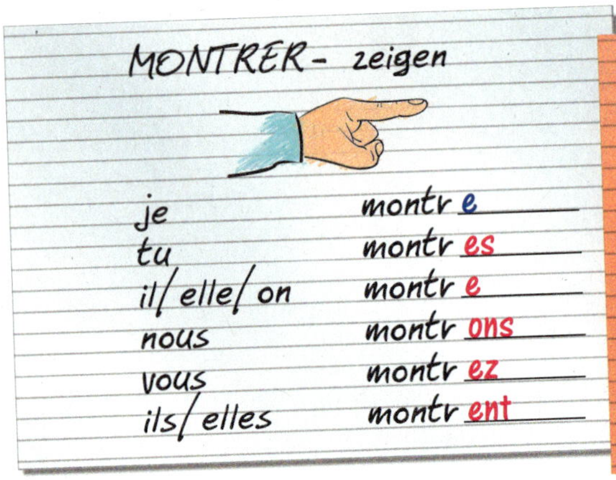

b *Mit Karteikarten könnt ihr die Verben gut lernen:*

- *Bestimmt fallen euch spontan drei Verben auf* ***-er*** *ein. Schreibt sie auf weiße Karteikarten (DIN A6), so wie oben.*
- *Schreibt dann rote Karten für die unregelmäßigen Verben* ***aller, être, avoir, faire.***

atelier B

11 Il est 15 h 15. *(G 24) → nach SB Ü 1, S. 49*

Ecoutez les dialogues et complétez.

1. Il est 12 h 30.
2. Il est 10 h 45.
3. Il est 9 h 45.
4. Il est 24 h 00.
5. Il est 15 h 15.
6. Il est 17 h 00.

12h00 Il est **midi**.

24h00 Il est **minuit**[1].

12 Il est quelle heure, s'il te plaît? *(G 24) (Bastelbogen II) → nach SB Ü 1, S. 49*

Bastelt jetzt eure eigene Uhr. Beschriftet die Rückseite wie auf der Zeichnung.
Stellt nacheinander acht verschiedene Zeiten ein.
Fragt euch abwechselnd: «Il est quelle heure, s'il te plaît?»

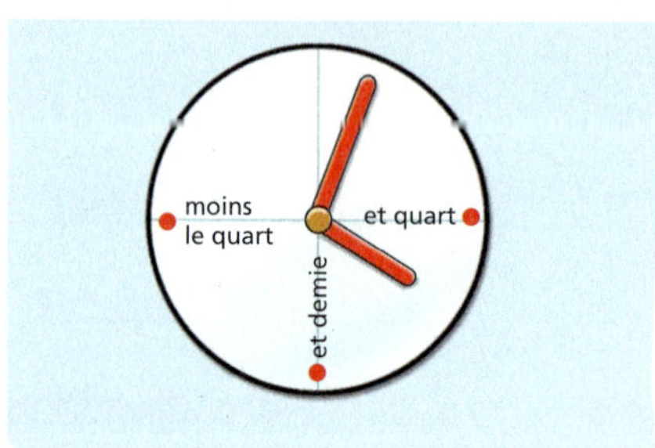

1 **minuit** [minɥi] Mitternacht

13 L'après-midi de Marine et de Simon *(G 24) → nach SB Ü 2, S. 49*

Trouvez les phrases et complétez.

A  regarde Marine son ?

A deux heures et demie, Marine regarde son emploi du temps.

A  à l'infirmerie. elle ?

A quatre heures moins le quart, elle va à l'infirmerie.

A  reste elle à ?

A quatre heures et quart, elle reste à l'infirmerie.

A  les élèves rentrent à la ?

A quatre heures vingt, les élèves rentrent à la maison.

A  est devant le ? Marine

A cinq heures cinq, Marine est devant le collège.

Et Simon?

△ 14 L'alibi de ? *→ nach SB Ü 5, S. 50*

Charlotte und ihre Freunde erzählen, was sie am Samstag vorhaben. Aber irgendwie passen die sechs Aussagen nicht zusammen! Findet heraus, wer euch in die Irre führen möchte!

Charlotte
A trois heures et quart, je vais au parc avec Marine, Amélie et Pierre.
A cinq heures et demie, je fais mes devoirs.
A huit heures moins le quart, je vais au cinéma avec Nicolas et Pierre.

Amélie
A trois heures et quart, je vais au parc avec Marine, Charlotte et Pierre.
A cinq heures et demie, je regarde des photos avec Marine et Nicolas.
A huit heures moins le quart, j'écoute des CD avec Marine.

David
A trois heures et quart, je vais au parc avec Marine, Amélie et Pierre.
A cinq heures et demie, je regarde des photos avec Amélie et Marine.
A huit heures moins le quart, je vais au cinéma avec Simon et Pierre.

Nicolas
A trois heures et quart, je surfe sur Internet avec Farid.
A cinq heures et demie, je regarde des photos avec Amélie et Marine.
A huit heures moins le quart, je vais au cinéma avec Charlotte et Pierre.

Marine
A trois heures et quart, je vais au parc avec Charlotte, Amélie et Pierre.
A cinq heures et demie, je regarde des photos avec Amélie et Nicolas.
A huit heures moins le quart, j'écoute des CD avec Amélie.

Pierre
A trois heures et quart je vais au parc avec Marine, Amélie et Charlotte.
A cinq heures et demie, je vais au supermarché.
A huit heures moins le quart, je vais au cinéma avec Nicolas et Charlotte.

C'est David !

VOC 15 Dominos *(Bastelbogen IIIa) → an beliebiger Stelle*

16 En français: Rendez-vous sur Internet → *nach SB Ü 5, S. 50*

Ecrivez les questions et les phrases en français.

Du chattest im Internet mit deinem französischen Brieffreund. Du schreibst ihm, …

… dass du am Samstag zu Hause bleibst. Samedi, je reste à la maison.

… dass du am Dienstag ins Kino gehst. Mardi, je vais au cinéma.

… und dass du gerne im Internet surfst! J'aime surfer sur Internet!

Du fragst ihn, …

… was er am Samstag macht. Qu'est-ce que tu fais samedi?

… ob er am Sonntagvormittag ein Fußballspiel ansieht. Dimanche matin, tu regardes un match de foot?

… ob er am Montag zu seiner Freundin geht. Lundi, tu vas chez ta copine?

… was er am Dienstagnachmittag macht. Qu'est-ce que tu fais mardi après-midi?

… ob er am Mittwoch zur Schule geht. Mercredi, tu vas à l'école/au collège?

… ob er am Freitag zu einem Karaoke-Abend geht. Vendredi, tu vas à une soirée karaoké?

17 C'est gagné! → *an beliebiger Stelle*

Könnt ihr die folgenden Fragen aus dem Gedächtnis beantworten?
Wenn nicht, sucht die Antworten im Schülerbuch.

1. Marine va au cinéma avec …	a) Nicolas. b) David.	c) Farid. d) Simon.	500 €
2. La documentaliste s'appelle …	a) Mme Libri. b) Mme Garnier.	c) Mme Lacour. d) Mme Ravel.	1.000 €
3. Marine n'aime pas …	a) le cinéma. b) les idées de David.	c) les CD. d) les quiches.	5.000 €
4. La 5^{e}A a deux heures de français dans la salle …	a) 31. b) 51.	c) 41. d) 61.	10.000 €
5. Le parc de Léo, c'est …	a) le parc Orfila. b) le parc Gambetta.	c) le parc de la Chine. d) le parc Debrousse.	25.000 €
6. Qui installe l'ordinateur de Charlotte?	a) Pierre b) Marine	c) Julie d) Farid	50.000 €
7. Continuez: seize/trente et un/vingt-quatre/trente-neuf/trente-deux/quarante-sept/quarante/???	a) trente-trois b) quarante-quatre	c) cinquante-cinq d) soixante-six	100.000 €
8. Où sont les cinq cartons?	a) dans le salon b) dans le couloir	c) dans la cuisine d) dans la chambre de Charlotte	250.000 €
9. Qui va à Toulon avec Manon?	a) Rémi b) Naomie	c) Julie d) Kiki	500.000 €
10. Simon Brunet n'aime pas …	a) la musique. b) le volley.	c) le foot. d) le cinéma.	1.000.000 €

Lösungen: 1 d; 2 c; 3 b; 4 d; 5 d; 6 a; 7 c; 8 b; 9 a; 10 c

auto-contrôle

1 Qu'est-ce qu'on dit en français?

In der Schule

1. – Gehst du jetzt in die Kantine? Tu vas à la cantine maintenant?
   – Ja, aber ich gehe zuerst auf die Toilette. Oui, mais d'abord, je vais aux toilettes.
2. – Gehst du nach der Kantine in die Turnhalle? Après la cantine, tu vas au gymnase?
   – Nein, ich gehe nach Hause. Non, je rentre à la maison.
3. – Ah! Bist du krank? Ah! Tu es malade?
   – Ja, ich habe Kopfschmerzen. Oui, j'ai mal à la tête.
4. – Wo wohnst du? Tu habites où?
   – Ich wohne in der *rue Orfila*. J'habite dans la rue Orfila.

2 A + article *(G 22)*

*Complétez avec **à, au, à la, à l', aux**.*

1. Mardi matin, M. Renaud va __au__ supermarché.
2. Mercredi matin, il va __à l'__ hôpital.
3. Jeudi matin, il est __au__ parc.
4. Vendredi après midi, il va __au__ cinéma.
5. Samedi, il rentre __à la__ maison. Il va vite __aux__ toilettes.
6. Il habite dans le quartier Gambetta __à__ Paris.

3 Vocabulaire

Complétez.

1. Marine a mal à la tête. Alors, elle va à __l'infirmerie__ .
2. A midi, les élèves vont à __la cantine__ .
3. Vingt-deux et trente-neuf, ça fait __soixante et un__ .
4. Mon __numéro de téléphone__ est le 01.80.43.95.88.

4 Les verbes *(G 17, 19, 21)*

*Complétez avec les formes de **avoir / aller / faire**.*

1. A 7 h 30, les élèves __vont__ au collège.
2. Et vous, vous __allez__ où?
3. Après les maths, nous __avons__ une heure d'allemand.
4. Qu'est-ce que tu __fais__ à midi?
5. Je __vais__ à la cantine.
6. Dimanche, les copains __font__ des photos.
7. Ma copine et moi, nous __faisons__ des quiches.
8. A 16 h, Marine __a__ rendez-vous avec Simon.

LEÇON 6

d'abord

1 Nicolas est chez Marine. *(G 25) → nach d'abord, S. 52*

Complétez avec ***notre, nos/votre, vos.***

Mercredi, après le collège, Nicolas va chez Marine.

Marine: Voilà *ma* chambre. C'est Morgane, *ma* sœur. Et ça, c'est *mon* ordinateur.

Morgane: Ah! Une minute, Marine! Ce n'est pas *ta* chambre, mais ___notre___ chambre.

Et ça, c'est ___notre___ ordinateur!

Nicolas: Euh … Elle est cool, ___votre___ chambre! Et ___votre___ ordinateur aussi, il est super!

Et où sont ___vos___ CD-ROM?

Morgane: ___Nos___ CD-ROM sont là, dans le carton. Et voilà ___notre___ jeu-vidéo[1],

«Le match d'Astérix et d'Obélix».

Nicolas: C'est cool! On fait un match, Marine?

Marine: Oui. Mais d'abord, nous faisons ___nos___ devoirs, non?

Morgane: Marine, où sont ___nos___ BD?

Marine: ___Nos___ BD? Mais elles sont aux toilettes!

Nicolas: Et où sont ___vos___ toilettes? Vite!!

> **!**
> Prüfe zuerst:
> Steht das Nomen im Singular oder im Plural?

2 Farid est à Leipzig. *(G 25) → nach d'abord, S. 52*

Complétez avec ***leur*** *ou* ***leurs.***

Cher Julien,

Je suis à Leipzig chez mon correspondant Christoph. Je vais au collège de Christoph et de son copain, Andreas. Ils sont déjà en 4e. ___Leur___ collège, la "Sophie-Scholl-Gesamtschule", est sympa. Et ___leurs___ profs? Bof … ça va. Mais M. Wagner, ___leur___ prof de français, est super! Dans ___leur___ classe, il y a vingt-quatre filles et six garçons! J'aime ___leur___ emploi du temps: L'après-midi, ils rentrent à la maison à une heure et quart. Ils font vite ___leurs___ devoirs, et puis, ils vont chez ___leurs___ copains. C'est cool, non?

A+[2], Farid.

Julien Leconte
177, avenue Gambetta
F-75020 Paris
FRANCE

1 **un jeu-vidéo** Videospiel – 2 A+ = **à plus** [aplys] bis bald

Bastelbogen I

(Wolke ausschneiden.)

(hier knicken)

Je m'appelle

Bastelbogen II

12 **Il est quelle heure, s'il te plaît?**

Mit einer Briefklammer kannst du die Zeiger befestigen.

15 Dominos[1]

Schneidet zuerst die Dominosteine aus.
Nun könnt ihr Domino spielen – alleine oder zu zweit:
Ordnet den deutschen Redewendungen die französische Übersetzung zu.

	Geht ihr in den Park?	Pierre va aux toilettes.	Was machst du am Samstagnachmittag?
Il est quelle heure, s' il vous plaît?	Es geht mir nicht gut.	J'ai mal à la tête.	Pierre geht zur Toilette.
Les élèves rentrent à la maison.	Hast du deinen Stundenplan?	Où est le gymnase?	Die Schüler gehen nach Hause.
Ça ne va pas.	Ich habe Kopfschmerzen.	Tu as ton emploi du temps?	Marine bleibt in der Krankenstation.
Qu'est-ce que tu fais samedi après-midi?	Es ist Viertel vor 6.	Vous allez au parc?	Können Sie mir sagen, wie spät es ist?
Marine reste à l'infirmerie.	In der 5 A ist ein Neuer.	Il est six heures moins le quart.	Ich zeige Nicolas meine Schule.
Je montre mon collège à Nicolas.	Wo ist die Turnhalle?	Il y a un nouveau dans la 5ᵉ A.	Um 8 Uhr kommen die Schüler ins *Collège.*
A huit heures, les élèves arrivent au collège.	Marine schaut auf ihren Stundenplan.	Marine regarde son emploi du temps.	

1 Hebt die Kärtchen in einem Briefumschlag auf. Ihr braucht die blau-grüne Rückseite für die nächste Lektion!

15 Dominos

	Ich nehme die Metro.	tout à coup	Was darf es sein?
Ça, c'est une idee!	Guten Appetit.	On prend l'ascenseur?	Trinken wir auf der Aussichtsplattform der *Samaritaine* eine Cola?
Bon appétit.	Nehmen wir den Aufzug?	Qu'est-ce que vous prenez?	Ich habe keine Lust.
On prend un coca sur la terrasse de la Samaritaine?	Von hier hat man einen tollen Blick!	Je n'ai pas le temps.	Ich habe Hunger!
J'ai faim!	Hör auf.	Arrête.	Verstehst du?
On a rendez-vous avec Michel.	Ich habe keine Zeit.	D'ici, on a une vue super!	Wir haben eine Verabredung mit Michel.
Ici, c'est trop cher.	plötzlich	Tu comprends?	Hier ist es zu teuer.
Je prends le métro.	Das ist eine gute Idee.	Je n'ai pas envie.	

Bastelbogen IV a

17 Rallye à Paris[1]

1 L'église à Montmartre s'appelle ...

Lösung: Sacré-Cœur

2 La place des peintres et des touristes, c'est la ...

Lösung: place du Tertre

1 prendre: je prends, tu ... *Continuez.*

Lösung: tu prends, il prend, nous prenons, vous prenez, ils prennent

2 *Gratuliere deinem Freund Pierre zum Geburtstag!*

Lösung: Joyeux anniversaire, Pierre!

3 Qu'est-ce qu'on trouve dans un supermarché? (3 mots)

Lösung: p. ex. une orange, un coca, une banane, un CD, ...

4 Sur la place devant le Centre Pompidou, les copains regardent ...

Lösung: les peintres/les musiciens/ les jongleurs

3 *Complétez.* les ordinateurs de Léa et de Sara → Ce sont ... ordinateurs.

Lösung: leurs

4 Lundi, mardi ... *Continuez.*

Lösung: mercredi, jeudi, vendredi, samedi, dimanche

5 C'est une église, mais ce n'est pas le Sacré-Cœur. C'est ...

Lösung: Notre-Dame

6 Qu'est-ce qu'on trouve dans une boulangerie? (2 mots)

Lösung: une baguette, un sandwich, une quiche, une pizza, un croissant, une brioche ...

5 *Frage, ob es im Gambetta-Viertel ein Kino gibt.*

Lösung: Est-ce qu'il y a un cinéma dans le quartier Gambetta?

6 avoir: j'ai ... *Continuez.*

Lösung: tu as, il a, nous avons, vous avez, ils ont

7 a) C'est un grand magasin. C'est la ...
b) On a une vue super de sa ...

Lösung: a) Samaritaine b) terrasse

8 M. Renaud est très malade. Il va à ...

Lösung: l'hôpital

7 A la boulangerie: *Bestelle etwas zu essen und/oder etwas zu trinken!*

Lösung: exemple: «Un sandwich, s'il vous plaît, et un coca!» / «Une quiche, s'il vous plaît!» / «Je prends un coca, s'il vous plaît!»

8 être: je suis, tu ... *Continuez.*

Lösung: tu es, il est, nous sommes, vous êtes, ils sont

9 a) A l'école, j'aime ... (2 Fächer)
b) A l'école, je déteste ... (2 Fächer)

Lösung: a) p.ex.: le français, les maths, le sport, ... b) p.ex.: l'allemand, l'anglais, la chimie ...

10 (Tour Eiffel) Pour avoir une vue sur Paris, on prend l'escalier ou ...

Lösung: l'ascenseur

9 *Frage deinen Partner nach der Uhrzeit.*

Lösung: Il est quelle heure, s'il te plaît?

10 *Complétez.*
a) la casquette de Farid → C'est ... casquette.
b) le CD de Malika → C'est ... CD.

Lösung: a) sa b) son

---

1 Hebt die Kärtchen in einem Briefumschlag auf. Ihr braucht die Rückseite für die nächste Lektion!

6 Mémory

Beschriftet die Bildkarten mit den passenden Wörtern. Schreibt dazu une (in rot) oder un (in blau)!
Wenn ihr möchtet, könnt ihr mit einem Partner Memory spielen. Dazu müsst ihr aber die Rückseite der Kärtchen mit einem neutralen Papier bekleben oder die Fragen von der Paris-Rallye mit einem dicken Filzstift übermalen.

 une salade	 une banane	 un oignon	 une orange
 une tomate	 un ananas	 une pomme	 une quiche
 une carotte	 un kiwi	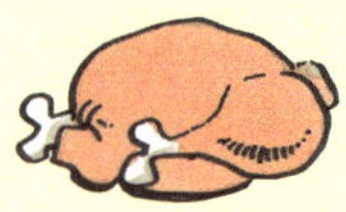 un poulet	 une baguette
 un champignon	 une pizza	 un coca	 un kilo de riz
 un citron	 une orangina	 un sandwich	 une bouteille d'huile

atelier A

3 A Paris → nach SB Ü 2, S. 53

a *Ecrivez les noms des monuments (der Gebäude).*
b *Ecoutez le CD. Welche Sehenswürdigkeiten sehen die Touristen? In welcher Reihenfolge? Schreibt Nummern in die Kreise.*

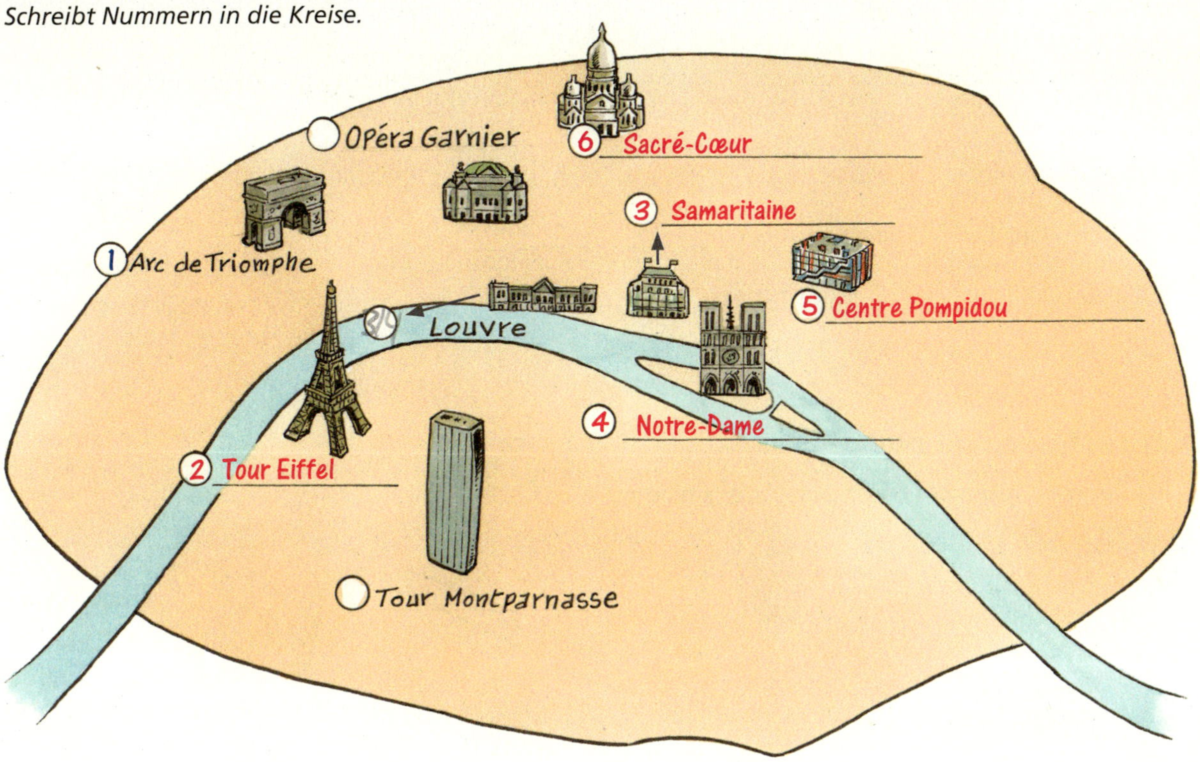

▽ 4 Le verbe *prendre* (G 26) → nach SB Ü 3, S. 54

a *Trouvez les formes de **prendre** avec leurs pronoms (mit ihren Pronomen).*

						I			J	
						L			E	
			V		I	S			P	
			O		L	P			R	
		T	U		P	R			E	
N	O	U	S	P	R	E	N	O	N	S
		P	P		E	N			D	
		R	R		N	N			S	
		E	E		D	E				
		N	N			N				
		D	E			T				
		S	Z							

Drei Pronomen fehlen. Findet ihr sie?

1. elle
2. on
3. elles

6

b *Complétez avec* **prendre** *et trouvez les phrases.*

1. Pierre, Amélie, Charlotte et Nicolas prennent ___
2. *Pierre:* «Voilà la tour Eiffel. Est-ce qu'on prend ___
3. *Nicolas:* «D'abord, je prends ___
4. *Charlotte:* «Moi, je ne prends ___
5. *Amélie:* «Bon[1], alors tu prends ___
6. *Charlotte:* «Oui, mais … est-ce que vous prenez ___
7. *Pierre:* «D'accord, Charlotte. Nous prenons ___

- pas l'escalier! Il y a trois étages!»
- l'ascenseur, Charlotte – mais aussi nos sacs, d'accord?»
- l'escalier?»
- le métro à la station Gambetta. Ils vont à la tour Eiffel.
- des photos!»
- l'ascenseur avec toi.»
- l'ascenseur avec moi? S'il vous plaît! Je n'aime pas les ascenseurs!»

VOC **5 Qu'est-ce qu'on prend?** *(G 26) → nach SB Ü 3, S. 54*

a *Trouvez des expressions (Ausdrücke) avec* **prendre**.

△ **b** *Choisissez six expressions avec* **prendre**. *Puis, écrivez des phrases (avec* **je, tu,** *…) dans votre cahier.*
Exemple: Je prends une photo de ma copine. Tu … *Continuez.*

1 **bon** [bõ] – *hier:* ok

6 Nos corres de Rostock *(G 25) → nach SB Ü 4, S. 54*

*Complétez avec **notre, nos/votre, vos** und **leur, leurs**.*

1. Les correspondants de Rostock sont à Paris. Mais maintenant, la 5^{e}A a une heure d'allemand.

   M. Fischer: «Charlotte, Marine, vous avez rendez-vous avec __vos__ correspondantes à 14 h 30, devant la salle vidéo».

2. Il est 14 h 30: Charlotte et Marine montrent __leur__ collège à Friederike et Anna.

   Charlotte: «Ça, c'est __notre__ cantine. Et maintenant, on va au CDI.»

3. Au CDI, Nicolas et Pierre font __leurs__ devoirs pour demain.

   Marine: «Salut Nicolas! Salut Pierre!» – (à Friederike et Anna): «Ce sont __nos__ copains.»

   Nicolas et Pierre: «Salut, les filles! Hallo!»

   Friederike (à Marine et à Charlotte): «Ils sont sympas, __vos__ copains!»

7 La machine à phrases *(Satzmaschine) (G 25) → nach SB Ü 4, S. 54*

*Faites des phrases avec **notre, nos/votre, vos/leur, leurs**.*

1. Léo et Kiki cherchent leur classe.
2. Nous regardons votre ordinateur.
3. Vous cherchez vos copains?
4. Charlotte et Marine adorent leurs profs.
5. Léo et Kiki détestent leur collège.
6. Nous adorons nos profs.

8 En allemand et en français *(G 16, 25) → nach SB Ü 5, S. 54*

Cochez la bonne traduction (Kreuzt die richtige Übersetzung an).

1. Charlotte nimmt unsere Taschen.
   - [ ] Charlotte prend ses sacs.
   - [ ] Charlotte prend leurs sacs.
   - [X] Charlotte prend nos sacs.

2. Farid ist in seinem Zimmer.
   - [ ] Farid est dans ta chambre.
   - [X] Farid est dans sa chambre.
   - [ ] Farid est dans votre chambre.

3. Julie sucht ihre Freunde.
   - [X] Julie cherche ses copains.
   - [ ] Julie cherche leurs copains.
   - [ ] Julie cherche vos copains.

4. Die Schüler bereiten ihre Fragen vor.
   - [ ] Les élèves préparent leur question.
   - [X] Les élèves préparent leurs questions.
   - [ ] Les élèves préparent vos questions.

5. [In der Bäckerei] Herr Garnier, hier ist Ihre Quiche!
   - [X] M. Garnier, voilà votre quiche!
   - [ ] M. Garnier, voilà leurs quiches!
   - [ ] M. Garnier, voilà notre quiche!

atelier B

VOC 9 Des devinettes *(Rätsel) → nach Texteinführung*

Qui est-ce?

1. Je suis une église. Je suis à Montmartre.
   Je suis le **Sacré-Cœur**

2. Je suis une place. Je suis la place des peintres et des touristes.
   Je suis la **place du Tertre**

3. Je suis un quartier. Chez moi, il y a le Sacré-Cœur.
   Je suis **Montmartre**

4. J'ai un ascenseur et un escalier! Et j'ai une terrasse avec une vue super sur la tour Eiffel.
   Je suis la **Samaritaine**

▽ 10 Vrai ou faux? *(Richtig oder falsch?) → nach SB Ü 1, S. 56*

vrai	faux	
	X	1. Après leur visite de la Samaritaine, les copains vont à Notre-Dame.
	X	2. Sur la place du Tertre, il y a des touristes et des musiciens.
X		3. Un portrait, ça fait 40 euros.
	X	4. Nicolas prend une photo de ses copains.
X		5. La boulangerie de la rue du Renard est super.

11 Safari-photos à Paris *(G 27) → nach SB Ü 3, S. 56*

a *Complétez avec* ***de la, de l', du, des.***

1. Dans le quartier ___du___ centre Pompidou, Anna a rendez-vous avec Marine, sa correspondante ___du___ collège Maurice Ravel. Anna prend une photo ___des___ musiciens[1].
2. Les deux copines ont faim. Elles prennent un sandwich à la boulangerie ___de la___ rue du Renard. Anna prend une photo ___de la___ boulangerie.
3. Puis, à Montmartre, Anna prend une photo ___de la___ place du Tertre – et ___des___ touristes!
4. Anna et Marine vont à la Samaritaine. Anna prend une photo ___du___ magasin.
5. A la tour Eiffel, Anna prend une photo ___de l'___ escalier.
6. Maintenant, Marine prend une photo ___de la___ tour Eiffel avec Anna.

12 Nicolas, Pierre et les filles! *(G 22, 27) → nach SB Ü 3, S. 56*

▽ **a** *Was wird aus* ***à + le/les*** *und* ***de + le/les****?*

___au___

___du___

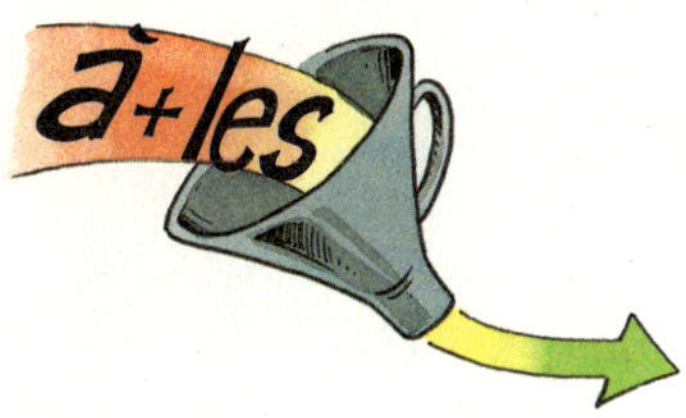

___aux___

___des___

Die folgende Übung ist leicht, wenn du die Artikel der Wörter kennst. Du bist dir nicht ganz sicher? Dann schlage in der Wörterliste im Schülerbuch nach!

b *Complétez.*

C'est mardi. Nicolas et Pierre vont ___au___ CDI.

Mais où est la documentaliste ___du___ collège? Mme Lacour est ___aux___ toilettes?

Sur Internet, Nicolas et Pierre cherchent le programme[2] ___des___ cinémas ___du___ quartier.

Ils regardent la page ___du___ cinéma «Le Gambetta».

Mercredi après-midi, ils ne vont pas ___à l'___ école. Ils ont rendez-vous avec Isabelle, une copine ___de la___ classe 4ᵉC.

Jeudi soir, ils vont ___à l'___ école, ___à la___ soirée karaoké avec Amélie.

Et samedi? Ils vont ___au___ cinéma avec Marine et Charlotte!

---

1 **un musicien** ein Musiker – 2 **le programme** [ləpʀɔgʀam]

atelier C

13 Devant le Centre Pompidou → *vor Texteinführung*

Ecoutez et cochez la bonne réponse.

1. Nicolas et ses copains arrivent à la station
   - [ ] «Gambetta».
   - [x] «Les Halles».
   - [ ] «Pigalle».

2. Ils cherchent
   - [ ] un supermarché.
   - [x] une boulangerie.
   - [ ] un magasin.

3. Charlotte prend
   - [ ] une baguette.
   - [ ] un poulet.
   - [x] un sandwich.

4. Pierre prend
   - [ ] une quiche et un coca.
   - [x] une quiche.

5. Ça fait
   - [ ] 8 euros.
   - [ ] 10 euros.
   - [x] 18 euros.

14 Et maintenant, qu'est-ce qu'on fait? → *nach SB Ü 2, S. 57*

Choisissez ***une situation*** *(wählt* ***eine Situation*** *aus) et écrivez un dialogue.*

1

Nicolas et Charlotte ont rendez-vous devant le collège.

avoir faim | *chercher une boulangerie* | *avenue Gambetta*

Nicolas: Salut Charlotte! On va au cinéma?
Charlotte: …

2

Farid et Pierre sont à la Samaritaine. Ils ont un problème.

l'anniversaire d'Amélie | *chercher un super cadeau* | *cher!*

Farid: Samedi, c'est l'anniversaire d'Amélie. Tu as une idée pour son cadeau?
Pierre: …

15 Dominos *(Bastelbogen III b)* → *nach SB Ü 3, S. 58*

16 Qu'est-ce que tu dis? → nach SB Ü 3, S. 58

Antwortet zustimmend oder ablehnend auf die Vorschläge.

1. On va chez Simon? C'est son anniversaire.
   - ☹ Non. Je n'ai pas envie.
   - ☺ Ça, c'est une idée!

2. La vue est super, non? Tu prends une photo?
   - ☹ Bof! Je n'ai pas envie.
   - ☺ Ça, c'est une idée!

3. On va au cinéma samedi? Il y a un film d'Astérix.
   - ☹ Je n'ai pas le temps. / C'est trop cher.
   - ☺ C'est génial!

4. Tu prends un coca?
   - ☹ Non, merci!
   - ☺ D'accord.

5. A la tour Eiffel, vous prenez l'escalier?
   - ☹ Oh non!
   - ☺ Oui, c'est super!

17 Rallye à Paris *(G 5, 19, 26, 16, 25) (Spielkarten: Bastelbogen IV a) → an beliebiger Stelle*

Ihr braucht einen Würfel, zwei Spielfiguren (z.B. Münzen) und den Paris-Plan auf der Seite 61 als Spielfeld. Schneidet die Karten auf dem Bastelbogen IV a aus.

Start ist bei Sacré-Cœur. Wer als erster beim Eiffelturm ankommt und (mindestens) **drei rote** und **drei blaue** Karten gesammelt hat, gewinnt!

Und so funktioniert's:
Ihr würfelt abwechselnd und rückt eure Spielfiguren entsprechend der Augenzahl vor. Wenn Spieler A auf ein **rotes** oder **blaues** Feld kommt, wird die entsprechende Karte von Spieler B vorgelesen.

A gibt die Antwort, und B überprüft, ob sie richtig ist. Wenn ja, gibt er A die Karte. Wenn nicht, kommt die Karte unter den Stapel. Ihr dürft auch **rückwärts** ziehen, um auf die roten oder blauen Felder zu kommen!

Versucht, möglichst viel Französisch zu sprechen!

Exemple:
A [würfelt]: Cinq! Alors, un – deux – trois – quatre – cinq. C'est la question 1-bleu.
B [liest die Karte vor]: Alors … la question 1-bleu: «**prendre**: je prends, tu …»
A Ah oui! Tu … prends, il prend, nous prenons, vous prenez, ils prennent.
B [prüft die Lösung]: Oui. C'est ça. Voilà la carte. [gibt A die Karte]
C'est à moi maintenant. [würfelt] Quatre! Alors, …

18 stratégie Lire[1], comprendre et écouter → nach SB Ü 4, S. 58

VOC **a** *Lest zunächst den Text einmal ganz durch und versucht zu verstehen, worum es geht (Wer? Was? Wo?). Schreibt eure Vermutungen mit Bleistift in die Lücken.*

Kathrin, la correspondante de Malika, est à ___Paris___, dans le ___quartier___ Gambetta. Malika habite dans le quartier avec sa mère et sa sœur Sophie.

Jeudi après-midi, Kathrin, Malika et Sophie vont dans un grand ___magasin___, la Samaritaine. Les filles prennent l'ascenseur et vont sur la ___terrasse___. Elles adorent la vue super sur ___Paris___!

Puis, les copines vont à la ___station___ de métro. Et elles vont à la ___place___ du Tertre.

Kathrin: Et maintenant? Qu'est-ce qu'on fait, Malika?

Malika: On va au ___cinéma___? Il y a «Astérix et Cléopâtre»!

Kathrin: D'accord! C'est super pour mon français!

Sophie: Mais j'ai faim! On va d'abord à la ___boulangerie___, d'accord?

Les filles prennent trois sandwichs et trois quiches. Mmm! Et maintenant, elles vont au ___cinéma___.

Mais zut! Il y a déjà cinquante personnes devant le cinéma! Et le jeudi, il n'y a pas «Astérix et Cléopâtre»! Alors, les copines prennent leur pique-nique[2] au ___parc___ Debrousse.

b *Maintenant, écoutez le CD et corrigez.*

1 **lire** [liʀ] lesen – 2 **un pique-nique** [ɛ̃piknik] ein Picknick

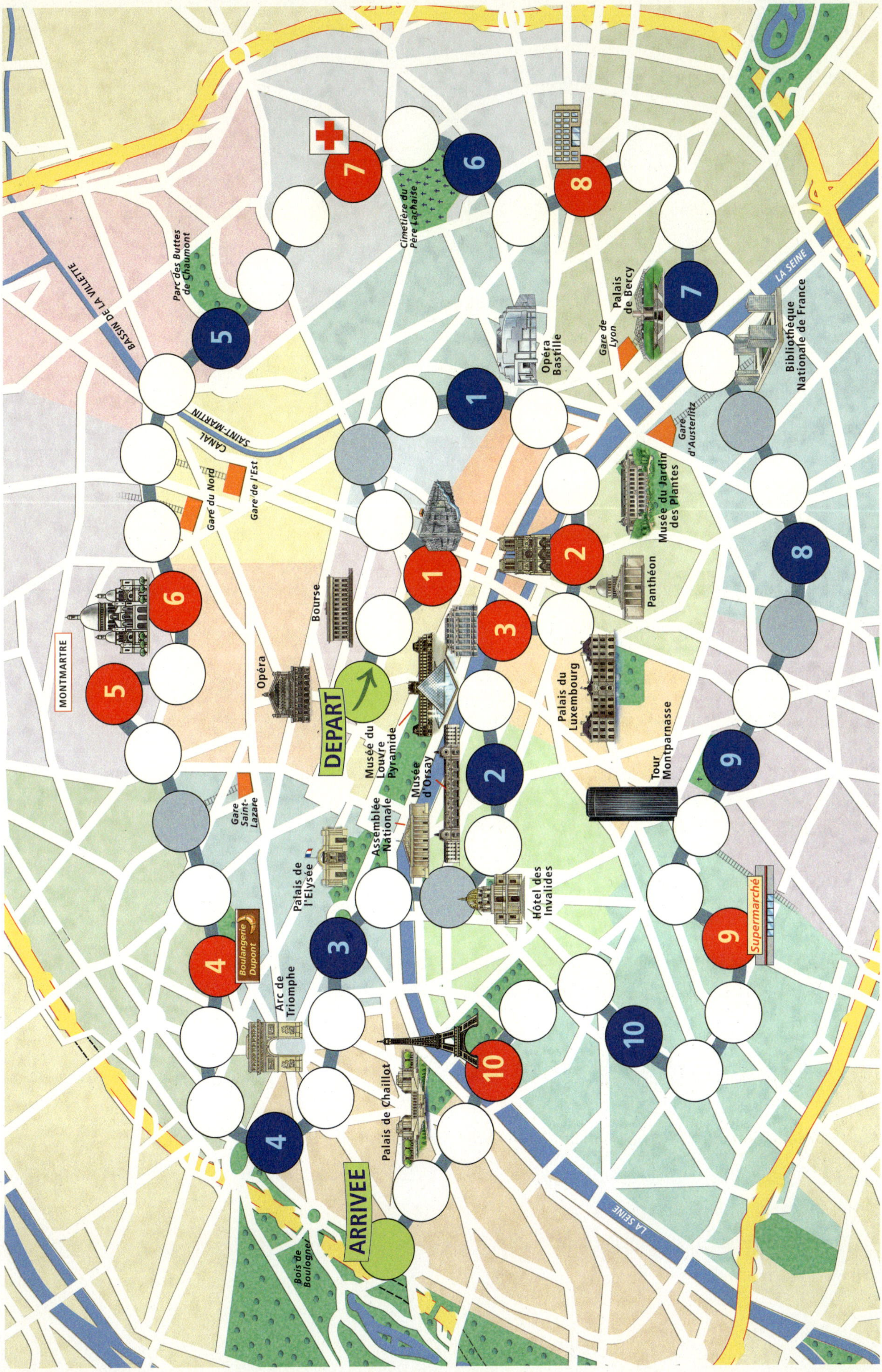
DEPART
ARRIVEE
MONTMARTRE
Opéra
Bourse
Gare du Nord
Gare de l'Est
Gare Saint-Lazare
CANAL SAINT-MARTIN
BASSIN DE LA VILLETTE
Parc des Buttes de Chaumont
Cimetière du Père Lachaise
Opéra Bastille
Gare de Lyon
Palais de Bercy
LA SEINE
Bibliothèque Nationale de France
Gare d'Austerlitz
Musée du Jardin des Plantes
Panthéon
Palais du Luxembourg
Tour Montparnasse
Supermarché
Musée du Louvre Pyramide
Musée d'Orsay
Assemblée Nationale
Palais de l'Elysée
Hôtel des Invalides
Arc de Triomphe
Boulangerie Dupont
Palais de Chaillot
Bois de Boulogne

6

auto-contrôle

1 Qu'est-ce qu'on dit en français?

Unterwegs in Paris

1. Ich habe eine Verabredung mit meinem Freund Nicolas vor der Samaritaine.

   J'ai rendez-vous avec mon copain Nicolas devant la Samaritaine.

2. [Nicolas:] Von der Terrasse aus hat man einen tollen Blick auf Paris!

   De la terrasse, on a une vue super sur Paris!

3. [Ich:] Das ist eine [gute] Idee. Nehmen wir die Treppe? Wir haben Zeit.

   Ça, c'est une idée. Est-ce que nous prenons (est-ce qu'on prend) l'escalier?
   Nous avons (on a) le temps!

4. [Nicolas:] Hör auf! Ich habe keine Lust. Ich nehme den Aufzug.

   Arrête! Je n'ai pas envie. Je prends l'ascenseur.

5. [Ich:] Trinken wir eine Cola auf der Terrasse?

   Est-ce qu'on prend (nous prenons) un coca sur la terrasse?

6. [Nicolas:] Ist das nicht ein bisschen teuer hier?

   Ce n'est pas un peu cher ici?

2 Vocabulaire

Complétez et trouvez la solution!

Malika et sa corres Kathrin ont rendez-vous à la s t a t i o_2 n Gambetta.

Malika: On va au cinéma, Kathrin?

Kathrin: Oh non! Je n'ai pas e_6 n v i e. J'ai faim, moi!

Malika: Alors, on prend des croissants à la b o u l a n_7 g e r i e!

Kathrin: Mmm, j'adore les croissants!

Malika: Alors: Bon a p p_4 é t i t! Et maintenant, on va à la Samaritaine. C'est un g r a n d_8 magasin avec dix é t a g e_{10} s! De la t e r r_9 a s s e, on a une vue super sur Paris. On prend l'a s c_1 e n s e u r.

Malika (sur la terrasse): Oh non! Il y a ma m_3 è r e avec Luc, mon f r è r_5 e. Il n'est pas très marrant … Bonjour, maman! Salut, Luc! Mais qu'est-ce que vous faites ici?

Lösungswort: c_1 o_2 m_3 p_4 r_5 e_6 n_7 d_8 r_9 e_{10}

3 Mon, notre, votre, leurs? *(G 16, 25)*

Choisissez une forme et complétez.

vos – ta – tes?	1. *Farid:* J'adore tes copines, Amélie …
son – nos – notre?	2. *Marine et Charlotte:* Nous avons rendez-vous avec notre copain Farid.
leurs – leur – son?	3. Les élèves rentrent à la maison: leur prof de français n'est pas là.
son – leur – ses?	4. Pierre et son frère Michel vont à Montmartre.
mes – mon – ma?	5. *M. Garnier:* Vous aimez ma quiche lorraine?
vos – votre – ta?	6. Mmm! M. Garnier, votre quiche est super!

4 De + article *(G 27)*

Complétez.

1. Voilà Mme Lacour, la documentaliste du collège Maurice Ravel.

2. Ça, c'est M. Fischer, le prof d'allemand de la 5ᵉA.

3. Oh! C'est l'emploi du temps des élèves!

4. Là, c'est la cantine de l' école.

5. Pierre montre une photo des correspondants de Rostock à Nicolas.

6. Et ça, c'est Idéfix, le chien du prof.

Das kann ich schon!

Nun hast du schon zwei Drittel deines Buches geschafft!
Blättere die Lektionen 4, 5 und 6 im Schülerbuch noch einmal durch und schau im Inhaltsverzeichnis (S. 3 – 4) nach, was du alles gelernt hast. Ergänze nun die Liste.
Rechts kannst du ankreuzen, wie fit du bist.

		Klappt super!	Das muss ich noch üben!
Sich auf Französisch verständigen	Ich kann …		
	… etwas über meine Freunde und ihre Hobbies erzählen.		
	… sagen, was ich mag oder nicht mag.		
	… Vorschläge für die Freizeit machen.		
	… Vorschläge ablehnen.		
	… fragen, wie alt jemand ist.		
	… sagen, wie alt ich bin.		
	… über meine Schule und den Stundenplan sprechen.		
	… fragen bzw. sagen, wie spät es ist.		
	… sagen, dass es mir nicht gut geht.		
	… sagen, dass etwas zu teuer ist.		
	… sagen, dass ich Hunger habe.		
Lerntechniken	– französische Wörter erschließen, wenn sie im Deutschen oder Englischen ähnlich sind		
	– bei einem Hörtext die wichtigsten Informationen verstehen		
Frankreich/ französischsprachige Länder	Le collège en France:		
	französische Schulfächer, die „infirmerie“, Nachmittagsunterricht, Kantine		
	Paris:		
	Sehenswürdigkeiten Notre-Dame, Samaritaine, das Centre Pompidou, Sacré-Cœur, die Metro		
Am liebsten mache ich …			

Schau dir die Liste jetzt noch einmal an:
Wähle aus jedem der vier Bereiche die Einträge aus, die für dich besonders wichtig oder interessant sind.
Trage dann deine Auswahl in die zweite Etage des Eiffelturms ein.

LEÇON 7

d'abord

▽ 1 C'est facile! *(Das ist leicht!)* → *vor d'abord, S. 66*

VOC *Die folgenden Vokabeln aus der neuen Lektion sind im Deutschen oder Englischen ähnlich.*

a *Findet ohne Nachschlagen heraus, was die Wörter bedeuten!*

un kiwi	eine Kiwi	une tomate	eine Tomate
une carotte	eine Karotte / Möhre	un ananas	eine Ananas
un champignon	ein Champignon / Pilz	un citron	eine Zitrone
des fruits	Früchte	un kilo	ein Kilo
un oignon	eine Zwiebel	une orange	eine Orange
une banane	eine Banane	une pizza	eine Pizza

b *Vier Wörter sind im Französischen männlich, im Deutschen aber weiblich: Kreise diese französischen Wörter mit einem blauen Stift ein.*

VOC 2 Le code secret[1] → *nach d'abord, S. 66*

Der folgende Code sagt euch, wohin eure nächste Mission euch führen wird. So könnt ihr ihn knacken: Findet die Wörter und kreist in jeder Reihe das Wort ein, das nicht zu den anderen passt.

a TOMATECAROTTEOIGNONANANASCHAMPIGNON

b TENNISROLLERSVOLLEYFOOTINTERNET

c MUSIQUERECHERCHEHISTOIREFRANÇAISGEOGRAPHIE

d POMMEBANANEPOULETCITRONORANGE

e SUPERMARCHENOTREDAMESACRECOEURTOUREIFFEL

Die gesuchten Wörter sind:

a ananas

b Internet

c recherche

d poulet

e supermarché

Wenn ihr nun die fünf Anfangsbuchstaben richtig ordnet, findet ihr das Ziel eurer Reise: P A R I S

1 **le code secret** [ləkɔdsəkʀɛ] der Geheimcode

3 On invite Charlotte → nach SB Ü 1, S. 68

Relisez le texte à la page 67 (lest den Text noch einmal) et corrigez les phrases.

1. Samedi matin, Amélie et sa grand-mère font ~~les devoirs~~ au marché.

Samedi matin, Amélie et sa grand-mère font les courses au marché.

2. Puis, elles ~~chantent~~ au supermarché.

Puis, elles vont au supermarché.

3. Elles achètent ~~un kilo~~ d'huile, une ~~bouteille~~ de riz et ~~une quiche~~.

Elles achètent une bouteille d'huile, un kilo de riz et un poulet.

4. Au supermarché, Amélie et sa grand-mère ~~cherchent~~ Charlotte.

Au supermarché, Amélie et sa grand-mère rencontrent Charlotte.

5. ~~Aujourd'hui~~, la ~~mère~~ d'Amélie fait un yassa: C'est une recette du ~~Portugal~~.

Demain, la grand-mère d'Amélie fait un yassa: C'est une recette du Sénégal.

6. Mme Sakho invite Charlotte ~~lundi~~, à ~~huit~~ heures au ~~79~~ rue ~~Belgrand~~.

Mme Sakho invite Charlotte dimanche, à sept heures au 99, rue Orfila.

▽ 4 Le verbe *acheter* (G 29) → nach SB Ü 2, S. 68

a *Complétez par les formes du verbe* **acheter.**

j'	a	c	h	è	t	e		
tu	a	c	h	è	t	e	s	
il / elle / on	a	c	h	è	t	e		
ils / elles	a	c	h	è	t	e	n	t

infinitif:	a	c	h	e	t	e	r	
nous	a	c	h	e	t	o	n	s
vous	a	c	h	e	t	e	z	

b *Ecrivez six phrases avec* **acheter** *dans votre cahier.*

Exemple: On achète des citrons.

5 stratégie Le rendez-vous → *nach SB Ü 1, S. 68*

a *Geht nach der Stratégie in der Schülerbuch-Übung 1 (S. 68) vor: Lest den Text Abschnitt für Abschnitt und notiert rechts Schlüsselwörter oder Satzteile* ***(keine ganzen Sätze!).***

1 C'est samedi après-midi.
Il est quatre heures.
Marine et Simon sont à la terrasse du café «Le Gambetta». Le serveur[1] arrive.

Serveur: Bonjour! Qu'est-ce que vous prenez?
Simon: Moi, je prends un coca.
Marine: Et moi, un jus d'orange, s'il vous plaît.

Quand? samedi après-midi, à quatre heures

Qui? Marine et Simon

Où? café «Le Gambetta»

Que font Marine et Simon? prendre un jus d'orange / un coca

2 Cinq minutes après, quatre garçons entrent dans le café et prennent place à une table.
Marine: Zut! C'est David avec ses copains!
Simon: David? Qui est-ce?
Marine: C'est … euh … c'est un copain. Ecoute, Simon: on va chez ma copine Charlotte? Elle est très sympa!
Simon: Maintenant? Mais … je ne comprends pas … et mon coca, alors?
Marine: S'il te plaît, Simon!
Simon: D'accord. On va chez ta copine.

Qui arrive? quatre garçons / David et ses copains

Où? café «Le Gambetta»

Et que font Marine et Simon? aller chez Charlotte

3 Quinze minutes plus tard, Marine et Simon sonnent chez Charlotte.
Charlotte: Ah, salut Marine!
Marine: Salut, Charlotte. C'est Simon, un … mon copain!
Charlotte: Ton copain? Ah bon! Et David?
Marine: Chut!
Simon: Ah! Je comprends maintenant! Le garçon du café …!
Marine: Oui, mais mon copain, maintenant, c'est toi!
Charlotte: Euh … vous prenez un coca?
Simon: Ça, c'est une idée!
Marine: Et puis, on surfe sur Internet, d'accord?

Qui? Marine et Simon

Où? chez Charlotte

Que font les trois copains? prendre un coca, surfer sur Internet

b *Maintenant, faites un résumé du texte dans votre cahier. Utilisez:* ***tout à coup, alors, puis.***

Samedi après-midi, à quatre heures, Marine … *Continuez.*

▽ 6 Mémory *(Bastelbogen IV b) → an beliebiger Stelle*

VOC

1 **le serveur** [ləsɛʀvœʀ] der Kellner

7

7 Ça fait combien? *(G 30) → nach SB Ü 3, S. 68*

Ecoutez les dialogues et répondez.

Scène 1

1. Un kilo d'oranges, ça fait combien? – Ça fait 2,50 € le kilo.
2. Cinq kilos de pommes, ça fait combien? – Cinq kilos de pommes, ça fait 10 €.
3. Un ananas, ça fait combien? – Ça fait 2,70 €.

Scène 2

4. Un kilo d'oignons et deux kilos de tomates, ça fait combien? – Ça fait 4,95 €.
5. *Le vendeur:* «Et voilà 5 centimes. Merci, madame.»

Scène 3

6. Les champignons, ça fait combien? – Ça fait 5,75 € le kilo.
7. Le client achète combien de kilos de champignons? – Il achète un kilo de champignons.

VOC 8 En français: Au marché → *nach SB Ü 6, S. 69*

Du bist in Frankreich auf dem Markt. Was sagst du, wenn …

1. … du an der Reihe bist? C'est à moi.
2. … du ein Kilo Äpfel und zwei Kiwis möchtest?
   Je voudrais un kilo de pommes et deux kiwis.
3. … du wissen willst, was ein Kilo Bananen kostet?
   C'est combien, un kilo de bananes?
4. … dir das zu teuer ist? C'est trop cher.
5. … du sonst nichts mehr kaufen möchtest? C'est tout.
6. … du wissen willst, was du bezahlen musst?
   Ça fait combien?

VOC 9 M. Garnier fait les courses. *(G 28) → nach SB Ü 5, S. 69*

a *Complétez.*

Les Garnier sont en vacances.[1] Aujourd'hui, M. Garnier fait les courses chez M. Berthot.

M. Garnier prend d'abord un kilo de riz et une bouteille d'huile.

M. Berthot: Et avec ça, monsieur?

M. Garnier: Je voudrais des tomates.

M. Berthot: Combien de kilos, monsieur?

M. Garnier: Euh … deux kilos de tomates,

et un kilo de carottes.

Ah, et puis aussi un kilo d'oignons.

M. Berthot: C'est tout, monsieur?

M. Garnier: Non. Je voudrais aussi des fruits pour le dessert.

M. Berthot: Mes fruits sont super! J'ai des pommes,

des bananes, des oranges,

et des kiwis!

M. Garnier: Alors, je prends deux kilos de pommes

et quatre kiwis. Ça fait combien?

M. Berthot: Alors, le riz 1,90 €, l'huile 3,85 €, les tomates 4,70 €, les carottes 0,85 €, les oignons 1,10 €, les pommes 1,95 € et les 4 kiwis 1 €. Ça fait …?

A vous: Ça fait combien? Ça fait 15,35 € !

quinze euros trente-cinq

b *Spielt den Dialog: Jeder wählt eine der beiden Rollen.*
Als Gedächtnisstütze könnt ihr euch Stichworte auf eine Karteikarte schreiben!

c *Verteilt die Rollen:*
Der Käufer schreibt einen Einkaufszettel.
Der Verkäufer notiert, was er zu welchem Preis anbietet.
Improvisiert ein Einkaufsgespräch mit einem kleinen Gag!

---

1 **en vacances** [ɑ̃vakɑ̃s] im Urlaub

atelier B

VOC **10 Qu'est-ce que c'est?** → *nach Texteinführung*

1. Au marché, Mme Sakho dit: « ? , monsieur. Mais c'est à moi!»
2. Un kilo de tomates, s'il vous plaît! – Ça fait quatre ? !
3. Amélie et sa grand-mère font les ? au marché.
4. Dans une ? de fruits, on met des pommes, des bananes et des kiwis.
5. Au supermarché, Amélie ? Charlotte.
6. Mme Sakho prépare un yassa pour dimanche ? .
7. Mme Sakho ? Charlotte pour le yassa au poulet.

1		P	A	R	D	O	N					
2					E	U	R	O	S			
3	C	O	U	R	S	E	S					
4					S	A	L	A	D	E		
5				R	E	N	C	O	N	T	R	E
6		S	O	I	R							
7	I	N	V	I	T	E						

Lösungswort: Mme Sakho fait une salade de fruits comme dessert.

11 Le verbe *mettre* *(G 31)* → *nach SB Ü 3, S. 70*

a *Complétez.*

je mets	nous mettons
tu mets	vous mettez
il/elle/on met	ils/elles mettent

b *Das Verb **mettre** hat verschiedene Bedeutungen. Traduisez (übersetzt) les phrases.*

1. Mme Sakho met le poulet dans la marinade.
   Frau Sakho legt das Hähnchen in die Marinade.
2. Amélie met la salade de fruits sur la table.
   Amélie stellt den Obstsalat auf den Tisch.
3. Pierre met un CD de rap.
   Pierre legt eine Rap-CD ein.
4. Charlotte met un pull.
   Charlotte zieht einen Pulli an.

12 Un peu de, beaucoup de, combien de? *(G 28) → nach SB Ü 2, S. 70*

Verbindet zuerst die passenden Satzteile mit Linien. Schreibt dann die Sätze in euer Heft!

1. Au marché, Mme Sakho: «Je voudrais …
2. Au supermarché, Amélie achète …
3. Amélie: «Mamie, dans le yassa, on met …
4. Pour la marinade, Mme Sakho met aussi …
5. Amadou a très faim. Il prend …

combien | un peu | une bouteille | beaucoup | deux kilos

de | d'

tomates!» | huile. | citrons?» | poivre. | yassa.

atelier C

13 Chez les Sakho *→ nach Texteinführung*

Relisez le texte 7 C et répondez. Ecrivez des phrases.

1. Qui est Mme Sakho? C'est … la grand-mère d'Amélie.
2. Qui est chez Mme Sakho? Amélie, Amadou, Abdou et Charlotte sont chez Mme Sakho.
3. Qu'est-ce que Mme Sakho apporte? Elle apporte le yassa au poulet.
4. Qu'est-ce qu'Amadou fait pour avoir des super notes à l'école? Il met son gris-gris.
5. Et Amélie? Elle préfère apprendre ses leçons.
6. Qu'est-ce que Mme Sakho a pour Charlotte? Elle a un cadeau pour Charlotte: C'est un gris-gris.
7. Qu'est-ce que Charlotte fait alors? Elle met son gris-gris tout de suite.
8. Le porte-bonheur de Charlotte, c'est pour les interros … ou pour trouver des copains et des copines.

14 Pierre invite ses copains. *(G 29, 32, 33) → nach SB Ü 3, S. 72*

Complétez avec acheter , préférer , manger et écrivez le dialogue dans votre cahier.

Pierre: Maman, qu'est-ce qu'on pour demain soir? Charlotte, Farid et Amélie arrivent à sept heures.

Sa mère: Et tes copains, ils avec nous?

Pierre: Ben oui!

Sa mère: Alors, j' des pizzas au supermarché, d'accord?

Pierre: Ah, non, Amélie et Charlotte les quiches. Et moi aussi!

Sa mère: Alors, nous six quiches.

Pierre: Et qu'est-ce que nous comme dessert?

Sa mère: Moi, je   une salade de fruits.

Pierre: Et nous, nous tes crêpes[1]! Maman, s'il te plaît, tu fais des crêpes pour nous?

1 **une crêpe** [ynkʀɛp]

15 En français: Chez les correspondants → *vor SB Ü 4, S. 72*

Du bist Gast in einer französischen Familie.

Was sagst du, wenn …
1. du ein schönes Geschenk bekommst?

Merci! C'est gentil!

2. du jemandem einen guten Appetit wünschst?

Bon appétit!

3. dir das Essen schmeckt?

Mmm, c'est bon!

4. du jemandem ein schönes Wochenende wünschst?

Bon week-end!

△ 16 Après le collège → *an beliebiger Stelle*

Qu'est-ce que tu fais après le collège? Ecris (schreibe) cinq phrases dans ton cahier.
Utilise: ***d'abord, déjà, mais, puis, souvent, …*** *etc.*
Puis, lisez vos textes en classe.

Voilà des idées:

rentrer à la maison

aller dans ma chambre

prendre un coca

aller au cinéma

surfer sur Internet

rester à la maison

rencontrer mes copains

faire mes devoirs

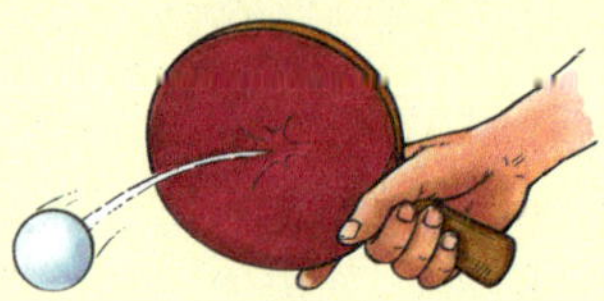

manger une pizza/un sandwich

faire un match de ping-pong/de foot/…

auto-contrôle

1 Qu'est-ce qu'on dit en français?

Beim Einkaufen

C'est à qui maintenant?

Ich bin dran. Ich hätte gerne eine Ananas.

C'est à ... moi. Je voudrais un ananas.

Et avec ça?

Was kosten die Bananen?

C'est combien, les bananes?

1,95 € le kilo.

Dann nehme ich ein Kilo Bananen.

Alors, je prends un kilo de bananes.

C'est tout?

Nein. Ich möchte noch drei Zitronen.

Non, je voudrais encore trois citrons.

Voilà les citrons. Et avec ça?

Das ist alles. Was macht das?

C'est tout. Ça fait combien?

Voilà. 5 € l'ananas, 50 centimes les citrons et 1 € 95 les bananes. Ça fait 7 € 45.

Hier sind 10 Euro.

Voilà 10 euros.

Et voilà 2 € 55. Merci.

Auf Wiedersehen und bis bald.

Au revoir et à bientôt.

2 Un kilo de ... *(G 28)*

*Complétez avec **kilo(s) de, bouteille de, beaucoup de, un peu de**.*

Mme Costa fait les courses. D'abord, elle va au marché. Elle achète un ananas, un ___kilo de___ pommes, deux ___kilos de___ bananes, un ___kilo d'___ oranges et quatre kiwis. C'est pour une salade de fruits. Elle achète aussi un poulet. Puis, Mme Costa va au supermarché et achète une ___bouteille d'___ huile, un ___kilo de___ riz et deux baguettes.

A la maison, elle prépare des quiches. Elle met un ___peu de___ sel, un ___peu de___ poivre et un ___peu d'___ huile. Elle fait ___beaucoup de___ quiches: Aujourd'hui, sa fille Léa invite cinq copines. Elles adorent les quiches!

7

3 Les verbes *acheter, préférer, mettre* *(G 29, 31, 33)*

Complétez.

acheter

j' achète

tu achètes

il/elle/on achète

Les copains achètent un cadeau d'anniversaire.

– Et qu'est-ce que vous achetez comme cadeau?

– Nous achetons une BD d'Astérix.

préférer

tu préfères

nous préférons

ils/elles préfèrent

M. Garnier adore les champignons, Mme Garnier préfère les carottes.

Mon frère adore le ping-pong, mais moi, je préfère le roller.

Nous aimons la quiche, mais vous préférez la pizza, non?

mettre

nous mettons

vous mettez

ils/elles mettent

– Qu'est-ce que tu mets dans la salade de fruits?

– Moi, je mets des kiwis, des pommes et des oranges. Ma mère met aussi un peu de jus de citron dans la salade de fruits.

LEÇON 8

d'abord

▽ **1 On va au cinéma?** *(G 21) → vor d'abord, S. 74*

*Complétez avec les formes du verbe **aller**.*

1. *Farid:* Salut, Pierre! Salut, Julien!

   Vous __allez__ où?

2. *Pierre:* Nous __allons__ au gymnase.
3. *Farid:* Et Marine et Charlotte, elles __vont__ où?
4. *Pierre:* Elles __vont__ au supermarché.

   Et toi, tu __vas__ où?

5. *Farid:* Moi, je __vais__ au cinéma.

2 La 5^e^A va organiser une fête. *(G 34) → nach d'abord, S. 74*

Qu'est-ce que les élèves vont faire pour la fête?
*Complétez avec les formes du verbe **aller + infinitif**.*

faire — apporter — acheter — faire — inviter — préparer — acheter

1. *Julien:* «Moi, je __vais__ __apporter__ des CD.»
2. Amélie et Charlotte __vont__ __faire__ la liste des courses.
3. *Nathalie et ses copines:* «Nous __allons__ __faire__ les courses.»
4. «Pierre et Maxime, vous __allez__ __préparer__ la salle?»
5. «Malika, tu __vas__ __inviter__ les profs?»
6. Luc et Nicolas __vont__ __acheter__ des bouteilles de coca.
7. *Marc:* «Moi, je __vais__ __acheter__ des fruits.»

atelier A

3 L'invitation → nach SB Ü 1, S. 75

Ecrivez l'histoire (die Geschichte) dans votre cahier avec les mots suivants (mit den folgenden Wörtern):

~~discuter devant le collège~~ | arriver | inviter Charlotte | la fête du club de roller | samedi soir | commencer à sept heures | dommage | avoir rendez-vous | téléphoner à | inviter les copines de Charlotte

Les copains discutent devant le collège. Un peu plus tard, Charlotte ... *Continuez.*

4 Mais non, maman! *(G 34)* → *nach SB Ü 3, S. 76*

Amina Boutal besucht am Wochenende ihre Freundin Claire in Paris. Ihre Mutter ist sehr besorgt ...
Ecrivez les phrases à la forme négative (mit Verneinung).

1. faire la rando roller vendredi soir
2. aller à Montmartre le soir
3. rentrer trop tard
4. prendre l'escalier à la tour Eiffel
5. aller au cinéma avec les copains de Claire

Exemple: 1. *Mme Boutal:* Dis donc, tu **ne** vas **pas** faire la rando roller vendredi soir, non?
Amina: Mais non, maman, je **ne** vais **pas** faire la rando roller vendredi soir.

2. *Mme Boutal:* Dis donc, tu ne vas pas aller à Montmartre le soir, non?

Amina: Mais non, maman, je ne vais pas aller à Montmartre le soir.

3. *Mme Boutal:* Dis donc, tu ne vas pas rentrer trop tard?

Amina: Mais non, maman, je ne vais pas rentrer trop tard.

4. *Mme Boutal:* Dis donc, tu ne vas pas prendre l'escalier à la tour Eiffel?

Amina: Mais non, maman, je ne vais pas prendre l'escalier à la tour Eiffel.

5. *Mme Boutal:* Dis donc, tu ne vas pas aller au cinéma avec les copains de Claire?

Amina: Mais non, maman, je ne vais pas aller au cinéma avec les copains de Claire.

8

▽ 5 Quand est-ce qu'on va inviter Malika? *(G 35, 36) → nach SB Ü 5, S. 76*

Findet das richtige Fragewort!

1. Où ____________ est-ce que vous allez faire la fête? – Au club de roller, rue Belgrand.
2. Quand ____________ est-ce que votre fête va commencer? – A huit heures.
3. Qu' ____________ est-ce que les copains vont préparer pour la fête? – Ils vont préparer une soirée karaoké.
4. Pourquoi ____________ est-ce qu'ils vont faire une fête? – Parce que le club a dix ans.

6 En français: Encore des questions! *(G 34, 35, 36) → nach SB Ü 5, S. 76*

*Ecrivez les questions et utilisez le **futur composé**.*

Du triffst einen französischen Freund und möchtest wissen, …

1. … was er am Samstagabend macht. Qu'est-ce que tu vas … faire samedi soir?
2. … ob er ins Kino gehen wird. Est-ce que … tu vas aller au cinéma?
3. … wann er seine Freunde treffen wird. Quand est-ce que tu vas rencontrer tes copains?
4. … wohin er mit seinen Freunden gehen wird. Où est-ce que tu vas aller avec tes copains?
5. … warum die Freunde am Samstagabend eine Fete machen. Pourquoi est-ce que les copains vont faire une fête samedi soir?

7 Je ne suis pas d'accord! *(Tandembogen im Annexe, S. 91) → nach SB Ü 5, S. 76*

8

atelier B

▽ 8 Après la fête → *nach SB Ü 1, S. 79*

a Charlotte pense encore à la fête … Est-ce qu'elle rêve?
Lisez les phrases. C'est vrai ou c'est faux?

vrai	faux	
X		1. Pierre, Charlotte et les copains du club discutent et dansent.
	X	2. Sébastien arrive avec ses copains.
X		3. Marie discute avec Pierre.
X		4. Sébastien est un copain de Pierre.
	X	5. Sébastien apporte un verre de coca à Pierre.
	X	6. La rando roller du samedi soir commence à huit heures.
	X	7. Sébastien invite Marie.
	X	8. Marie est la copine de Sébastien.

b *Ecrivez l'histoire dans votre cahier (8 phrases).*

Aujourd'hui, le club de roller a dix ans: C'est la fête! Charlotte, …

9 Faites vos devoirs. *(G 37) → nach SB Ü 3, S. 80*

Was sagt der Lehrer zu einem Schüler, was sagt er zu allen?

Un élève	Tous
Va au gymnase. (aller au gymnase)	Ecoutez le texte. (écouter le texte)
Résume le texte. (résumer le texte)	Chantez le rap. (chanter le rap)
Corrige l'exercice. (corriger l'exercice)	Prenez le cahier de français. (prendre le cahier de français)
Cherche un correspondant sur Internet. (chercher un correspondant sur Internet)	Faites les devoirs de maths. (faire les devoirs de maths)

VOC 10 Le coup de foudre → an beliebiger Stelle

Charlotte schreibt Sébastien eine SMS. Entschlüsselt sie.

Salut, Sébastian!

Je voudrais bien faire la rando avec toi. Quand est-ce que la rando

va commencer? Est-ce qu'on va rencontrer tes copains?

Je vais prendre des photos.

A bientôt, Charlotte.

11 Est-ce que le prof est cool? → nach SB Ü 4, S. 80

a *Ecoutez le texte et cochez la bonne case (das richtige Kästchen).*

	Oui	Non
1. Est-ce que les élèves aiment le français?	X	
2. Est-ce que les élèves préparent un sketch?		X
3. Est-ce que les élèves vont faire une fête?	X	

b *Ecoutez le texte encore une fois et répondez aux questions:*

1. A quelle heure est-ce que le prof de français entre dans la salle de classe?

A dix heures, le prof de français entre dans la salle de classe.

2. Qu'est-ce que les élèves vont faire aujourd'hui?

Aujourd'hui, les élèves vont faire une fête.

3. Où est-ce que les élèves vont faire la fête?

Ils vont faire la fête dans leur salle de classe.

4. Et pourquoi est-ce que les élèves aiment leur prof de français?

Les élèves aiment leur prof parce qu'il est cool!

12 Ecoutez! → an beliebiger Stelle

Hört ihr eine Aufforderung (z.B. Fais tes devoirs!), eine Frage (Tu fais tes devoirs?) oder einen Aussagesatz (Ah! Tu fais tes devoirs.)? Kreuzt an.

	1	2	3	4	5	6	7	8	9	10
Aufforderung			X	X		X		X		
Frage		X					X			X
Aussagesatz	X				X				X	

8

13 J'adore mon frère ... *(G 35, 36)* → *nach SB Ü 4, S. 80*

Sébastien möchte in Ruhe mit Charlotte telefonieren, aber sein kleiner Bruder stört ...
Complétez les questions.

Salut, Charlotte. Ça va?

Sébastien, __pourquoi est-ce que__ tu téléphones à Charlotte?

Parce que!

__Est-ce que__ tu as rendez-vous avec Charlotte?

Ben oui!

__Quand est-ce que__ tu as rendez-vous avec Charlotte?

C'est d'accord pour *samedi soir*, Charlotte?

Et __où est-ce que__ tu vas rencontrer Charlotte?

Alors, à huit heures, *devant le club de rollers* – Oui, c'est mon frère. Il a cinq ans. Et il n'est pas marrant ...

Théooo, __qu'est-ce que__ tu fais là? Arrête!

Je regarde tes photos ...

VOC 14 stratégie Französische Originaltexte verstehen → *an beliebiger Stelle*

Unterstreicht alle Wörter, die ihr versteht. Schreibt sie mit der deutschen Bedeutung in euer Hausheft.

Votre programme télé du samedi 26 mai **Câble et satellites**

TF1	FRANCE 2	EUROSPORT	CANAL J
13.00 Journal **14.30 Reportages** Magazine présenté par Claude Carré **15.05 Inspecteur Derrick** Série allemande avec Horst Tappert **15.50 Vidéo gag**	**13.00 Journal** **13.20 Météo** **13.30 Les grandes énigmes de la science.** Documentaire **14.05 Le secret de l'Airbus 647 Paris–Montréal** Téléfilm franco-canadien	**13.15 Tennis** Finale dames – en direct de Roland Garros **15.30 Eurosport** Résultats sportifs de la journée **16.00 Football** Quarts de finale de la Coupe de France: Nantes – Monaco	**14.55 Titeuf** Dessin animé **15.15 Sister, sister** Série américaine **15.45 Cybergirl** **16.10 Les malheurs de Sophie** Série française

auto-contrôle

1 Qu'est-ce qu'on dit en français?

Trouvez la bonne réponse.

Richtig reagiert!

1. Ein Freund sagt dir, dass er nicht mit dir ins Kino kommen kann.

a [ ] J'ai soif. b [ ] Comme ça. c [X] C'est dommage.

2. Du wirst zu einer Fete eingeladen.

a [ ] Dis donc! b [ ] Mais que faire? c [X] Merci pour l'invitation.

3. Du wirst gefragt, ob du eine Freundin / einen Freund hast.

a [X] Pourquoi est-ce que tu demandes ça? b [ ] J'ai faim. c [ ] Bof!

4. Deine Freundin fragt dich, warum du so viele Fragen stellst.

a [ ] C'est sympa. b [X] Comme ça. c [ ] Ben oui!

5. Du freust dich auf eine geplante Reise nach Paris und sagst:

a [X] Ça va être super! b [ ] C'est dommage. c [ ] C'est gentil.

6. Du weißt nicht, was du in einer bestimmten Situation tun sollst. Was fragst du?

a [ ] Pourquoi ça? b [ ] C'est dommage? c [X] Mais que faire?

2 On va aller à Paris! *(G 34)*

La 5eB du collège Colbert à Toulouse va aller à Paris. Qu'est-ce que les élèves vont faire?
Faites des phrases au futur composé.

1. Mathieu – prendre –  Mathieu va prendre des photos.

2. Thomas et Sébastien – regarder –  .

Thomas et Sébastien vont regarder un jongleur / les jongleurs.

3. Marine et Morgane – faire –  : «Nous allons faire les courses .»

4. Julie – prendre –  : «Je vais prendre l'ascenseur

à la  tour Eiffel .»

5. «Et vous, Luc et Marie? Est-ce que vous – prendre –  allez prendre le métro à la station Gambetta?»

8

3 Les questions *(G 35, 36)*

Complétez les questions.

1. – Est-ce que ____ les copines vont faire une rando roller? – Oui, c'est ça.
2. – Où est-ce qu' ____ elles vont commencer la rando? – Devant la tour Eiffel.
3. – Quand est-ce que ____ la rando va commencer? – Samedi après-midi, à quatre heures.
4. – Qu'est-ce qu' ____ elles vont acheter pour la rando? – Des chips et des bouteilles de coca.
5. – Pourquoi est-ce qu' ____ elles vont faire la rando? – Parce que c'est l'anniversaire de Marie.
6. – Est-ce qu' ____ elles vont inviter des garçons? – Ben oui!

4 Vocabulaire

Complétez avec:

dis donc | numéro de portable | voudrais bien | e-mail | l'invitation | commence | téléphone à | parce que | parents

Isabelle ____ téléphone à ____ Malika.

– Demain soir, je vais faire une fête ____ parce que ____ mes ____ parents ____ ne sont pas à la maison! Tu as le temps?

– Une fête! C'est super! Merci pour ____ l'invitation ____ !

Quand est-ce que ça ____ commence ____ ?

– A huit heures. Je ____ voudrais bien ____ inviter Pierre aussi.

Dis donc , tu as son numéro de portable ?

– Non, mais j'ai son adresse ____ e-mail ____: cyberpierre@wanadoo.fr

– Super! Merci et à demain.

LEÇON 9

▽ 1 La potion magique[1] *(G 38) → nach Texteinführung*

*Ecrivez les formes de **vouloir** et de **pouvoir** avec leurs pronoms dans votre cahier.*

!

*Bei **vouloir** und **pouvoir** gibt es Formen mit «eu» und auch welche mit «ou». Prägt euch ein, welche Personalformen (je, tu, …) das jeweils sind!*

2 Oui, je veux bien! *(G 38) → nach SB Ü 4, S. 83*

*Vous écrivez les formes avec **«eu»** ou **«ou»**? Complétez les verbes.*

1

Charlotte rencontre Farid et Pierre au parc Debrousse.

Charlotte: Salut les copains! Vous v o u lez manger une glace?

Farid: Une glace? Nous v o u lons bien, mais nous ne p o u vons pas tout de suite …

Pierre: Ah! Gagné! Maintenant, je p e u x manger une glace avec toi, Charlotte!

Farid: Zut!

2

Aujourd'hui, Jean fait une fête. A sept heures, Nicolas arrive.

Jean: Salut, Nicolas! Entre. Mais où sont Charlotte et Amélie? Et Farid?

Nicolas: Elles ne p e u vent pas venir[2] parce que leurs parents ne v e u lent pas. Et Farid v e u t bien venir, mais il ne p e u t pas arriver avant huit heures. Si tu v e u x, je p e u x encore téléphoner à Isabelle et Malika.

3

Amélie rencontre Rémi à la cantine du collège.

Amélie: Salut, Rémi! Dis donc, demain soir, il y un film au cinéclub du collège. Tu v e u x regarder le film avec moi?

Rémi: Ah, c'est dommage! Je voudrais bien, mais je ne p e u x pas. J'ai déjà rendez-vous avec Marie.

---

1 **la potion magique** [posjɔ̃maʒik] der Zaubertrank – 2 **venir** [vəniʀ] kommen

3 Il y a un problème? → nach SB Ü 5, S. 84

*Complétez avec les formes de **vouloir** ◎ et de **pouvoir** ✶ et trouvez la fin des phrases. Puis, écrivez les phrases dans votre cahier.*

1. Julie et sa copine ◎ veulent aussi visiter le Parc Astérix. Mais elles ne ✶ peuvent pas …
2. Tu ◎ veux aller au cinéma avec moi demain? – Non, je ne ◎ veux pas …
3. Rémi ◎ veut acheter un ordinateur. Mais il ne ✶ peut pas …
4. Nous ◎ voulons faire un match de foot au parc. Mais nous ne ✶ pouvons pas …
5. Vous ◎ voulez aller à la rando roller vendredi? – Oui! Mais nous ne ✶ pouvons pas …

parce que

… nous n'avons pas le temps: nous avons beaucoup de devoirs.

… leurs parents ne sont pas d'accord.

… la rando commence trop tard.

… c'est trop cher.

… je n'aime pas le film.

4 Ecoutez: Ouf ou zut? → nach SB Ü 6, S. 84

a *Quelle scène (A, B, C ou D) va avec quel dessin (1, 2, 3 ou 4)?*

1 Scène D

Zut! C'est dommage!

2 Scène A

C'est génial! C'est cool!

3 Scène B

Ouf! Merci beaucoup! C'est gentil.

4 Scène C

Zut! Pardon! Je m'excuse! Ce n'est pas grave!

VOC **b** *In allen vier Situationen drücken Leute Gefühle aus (z. B. Erleichterung, Begeisterung, Enttäuschung). Schreibt unter die Zeichnungen die Worte und Ausdrücke, mit denen sie das tun.*

5 Astérix et ses copains sur Internet → an beliebiger Stelle

Cherchez des informations sur Internet: Utilisez un moteur de recherche (Suchmaschine), p. ex. www.google.fr. Ecrivez les réponses dans votre cahier.

1. Astronomix, qui est-ce?
2. Et Gélatine, qui est-ce?
3. Comment s'appelle Idéfix en anglais[1]?
4. Et comment s'appellent les auteurs[2] d'Astérix?

1 **en anglais** [ãnãglɛ] auf Englisch – 2 **un auteur** [ɛ̃notœʀ] ein Autor

9

auto-contrôle

1 Qu'est-ce qu'on dit en français?

Trouvez les expressions qui vont ensemble.

Arrêtez!	… si tu veux.	C'est la cata!	Oui, je veux bien.	Reste cool!	Pardon! Je m'excuse.

Das ist eine Katastrophe / ein Riesenproblem.	Ja, gerne.	Entschuldigung! Tut mir Leid.	Hört jetzt mal auf!	… wenn du magst.	Jetzt reg dich nicht auf!/Bleib cool/locker!

2 Vocabulaire

Relisez le vocabulaire de la leçon 9 et complétez les phrases.

1. – Julien, j'ai faim! On ne peut pas faire notre ____**pique-nique**____ maintenant?
   – Mais oui, ____**si**____ tu veux, on peut manger tout de suite.
2. – Ils sont comment, tes copains? – Super! On ____**rigole**____ beaucoup.
3. – Moi, je suis de Fleury. C'est un ____**village**____ à quarante ____**kilomètres**____ de Paris.
4. – Ça fait 50 €, madame. – D'accord, monsieur … une minute … Mais zut! Où est mon ____**portefeuille**____?
5. – Julie, ne ____**bouge**____ pas! On est dans un ____**bateau**____! Si tu n'arrêtes pas, tu vas ____**tomber**____ dans l'eau!

3 Vouloir et pouvoir *(G 38)*

Complétez.

1. *Marie*: Vous voul**ez**___ aller au cinéma avec moi?

Karim: Oui, moi, je veu**x**___ bien! Il y a un super film, non?

Anna: C'est dommage! Aujourd'hui, je ne peu**x**___ pas: J'ai déjà rendez-vous avec Léa.

Marie: Mais ce n'est pas grave. On peu**t**___ inviter ta copine aussi.

2. *Charlotte*: Salut Farid! Tu veu**x**___ aller à la Samaritaine avec moi? Je cherche un CD.

Farid: Oui, d'accord! Et puis, nous pouv**ons**___ aller sur la terrasse.

Charlotte: Oui, et tu peu**x**___ prendre des photos si tu veu**x**___.

3. *Charlotte*: Samedi, mes parents veul**ent**___ aller au cinéma. Moi, je reste à la maison avec Julie. Si vous voul**ez**___, on peu**t**___ regarder une vidéo chez moi. Tu peu**x**___ téléphoner à Simon?

Marine: Ah oui! Je veu**x**___ bien. Je peu**x**___ apporter des chips, si tu veu**x**___.

9

module 1

Une idée super (G 39) → nach SB Ü 1, S. 92

VOC **a** *Lisez le texte et complétez avec les formes des verbes suivants:* ***attendre – vendre – répondre – entendre***
b *Puis, écoutez le CD et corrigez vos réponses.*

Farid a beaucoup de BD, mais il n'y a pas beaucoup de place dans sa chambre … Sa mère a une idée:

– Farid, demain, c'est le marché aux puces. Tu ne veux pas ___vendre___ tes BD d'Astérix?
Mais Farid écoute un CD. Il ne ___répond___ pas …

– Farid! Farid! Tu n'___entends___ pas? Ecoute, tu peux vendre tes BD d'Astérix …

– Comment? Je n'___entends___ pas, maman.

– Arrête la musique, s'il te plaît! Farid, j'ai une idée: Pourquoi est-ce que tu ne ___vends___ pas tes BD d'Astérix au marché aux puces? Comme ça, tu peux acheter le CD de Faudel.

– Ça, c'est une idée! Alors, si je ___vends___ la BD 3 € … six BD, ça fait déjà 18 € … comme ça, je peux acheter le CD! C'est génial! Je vais tout de suite téléphoner à Pierre! Il peut ___vendre___ ses BD aussi.

Au marché aux puces du quartier, Farid et Pierre ___attendent___ *les clients. Une fille regarde leurs BD.*

– Est-ce que vous ___vendez___ aussi des CD?

– Non. Mais regarde nos BD d'Astérix. Nous ___vendons___ les BD 3 €.

– Ce n'est pas cher! Ah, vous avez aussi «Astérix et Cléopâtre»! Voilà 3 €.

module 2

On prépare nos sacs. (G 40) → nach SB Ü 2, S. 94

Les Garnier vont chez leur grand-mère pour le week-end. Ils préparent leurs sacs.
a *Trouvez les phrases qui vont ensemble.*
b *Markiert jeweils in dem linken Satz das Objekt und in dem rechten Satz das passende Pronomen.*

1. *Mme Garnier*: Charlotte, tu mets ton pull?
2. *Julie*: Charlotte, on prend les BD?
3. *Mme Garnier*: Qui prépare les sandwichs?
4. *Charlotte*: Je cherche mes CD!
5. *Julie*: On prend le train à quatre heures?
6. *Charlotte*: Papa, on prend le jeu d'Astérix?
7. *Julie*: J'ai faim, moi! Où sont les bananes, maman?
8. *M. Garnier*: Où est le cadeau pour grand-mère?
9. *Mme Garnier*: On prend les photos de ton anniversaire, Charlotte?

- *Charlotte*: Mais oui, Julie, je les mets dans mon sac.
- *M. Garnier*: Je les prépare tout de suite.
- *Charlotte*: Oui, maman, je le mets tout de suite!
- *Charlotte*: Mais oui! Je veux les montrer à mamie.
- *Mme Garnier*: Il est dans notre chambre, non? Je l'apporte tout de suite.
- *Mme Garnier*: Je ne les trouve pas maintenant. Mange une pomme, Julie!
- *M. Garnier*: Si tu veux, on le prend. Je le mets dans mon sac.
- *Julie*: Ils sont là! On les écoute tout de suite?
- *Mme Garnier*: Mais non, ma chérie. On le prend à deux heures.

module 3

9

VOC **Qu'est-ce que vous avez fait dimanche?** *(G 41) → nach SB Ü 1, S. 95*

a *C'est lundi. Amélie, Charlotte et leurs copains racontent (erzählen) leur dimanche:*

1. J'ai regardé des photos.

2. Nous avons fait un match.

3. J'ai fait une balade à vélo.

4. J'ai fait des photos.

5. J'ai mangé une glace.

6. J'ai écouté des CD.

7. Nous avons regardé un film.

8. J'ai visité Sacré-Cœur.

9. J'ai acheté un cadeau pour Charlotte.

b *A vous maintenant: Qu'est-ce qu'**ils ont fait**? Ecrivez.* *Exemple:* 1. Amélie **a regardé** des photos.

2. Charlotte et Pierre ont … fait un match.
3. Nicolas a fait une balade à vélo.
4. Marine a fait des photos.
5. Julie a mangé une glace.
6. Farid a écouté des CD.
7. M. et Mme Garnier ont regardé un film.
8. Mme Sakho a visité Sacré-Cœur.
9. Sébastien a acheté un cadeau pour Charlotte.

Das kann ich schon!

Ein Jahr Französisch liegt hinter dir! C'est super, non?
Blättere die Lektionen 7, 8 und 9 im Buch noch einmal durch und schau im Inhaltsverzeichnis nach, was du alles gelernt hast.
Ergänze die unten stehende Liste und kreuze dann rechts an, wie fit du bist.

		Klappt super!	Das muss ich noch üben!
Sich auf Französisch verständigen	Ich kann …		
	… in Frankreich einkaufen gehen.	☐	☐
	… fragen, wie viel etwas kostet.	☐	☐
	… jemanden einladen.	☐	☐
	… fragen, wo, wann und warum etwas stattfindet.	☐	☐
	… ausdrücken, dass ich enttäuscht bin.	☐	☐
	… Wünsche ausdrücken.	☐	☐
	… über meine Pläne sprechen.	☐	☐
	… ausdrücken, dass ich mich ärgere.	☐	☐
	… ausdrücken, dass mir etwas Leid tut.	☐	☐
		☐	☐
		☐	☐
Lerntechniken	– einen Text mithilfe von Schlüsselwörtern zusammenfassen	☐	☐
	– französische Originaltexte durch Bilder, internationale Wörter oder den Kontext erschließen	☐	☐
		☐	☐
		☐	☐
		☐	☐
Frankreich/ französischsprachige Länder	– im Senegal spricht man auch:	☐	☐
	– ein senegalesisches Rezept: poulet au yassa	☐	☐
	– eine sportliche Veranstaltung in Paris: Pari Roller	☐	☐
	– ein Freizeitpark bei Paris: Parc Astérix	☐	☐
		☐	☐
		☐	☐
Am liebsten mache ich …			

Schau dir die Liste jetzt noch einmal an:
Wähle aus jedem der vier Bereiche die Einträge aus, die für dich besonders wichtig oder interessant sind.
Trage dann deine Auswahl in die dritte Etage des Eiffelturms ein. Nun bist du Spitze!

Tandembogen zu Lektion 3

4 Que fait Charlotte? *(G 7, 11) → nach SB Ü 1, S. 24*

Bevor ihr anfangt, deckt ***Partner A*** *die rechte und* ***Partner B*** *die linke Spalte ab.*
Partner A stellt den Zeichnungen entsprechend Fragen mit ***«Que fait/Que font …?»****.*
Partner B kontrolliert die Richtigkeit der Fragen anhand der Lösungen in Klammern und gibt die Antworten.
Wechselt am Ende die Rollen und macht die Übung noch einmal. Ihr könnt die Übung auch schriftlich machen.

A

Exemple:
1. Que fait Charlotte?

(Elle cherche Léo.)

B

Exemple:
(Que fait Charlotte?)

Elle cherche Léo.

---

2. Que …

(Ils préparent des/les quiches.)

(Que font Pierre et Farid?)

Ils …

---

3. …

(Elle chante dans la douche.)

(Que fait Julie?)

…

---

4. …

(Ils cherchent un/le parc.)

(Que font M. Renaud et Kiki?)

…

---

5. …

(Elle prépare un/le poulet.)

(Que fait Mme Garnier?)

…

---

6. …

(Elles cherchent un pull/des pulls.)

(Que font Amélie et Marine?)

…

---

7. …

(Il cherche un hôpital sur le plan.)

(Que fait M. Garnier?)

…

Tandembogen zu Lektion 5

5 On va où? *(G 21, 22) → nach SB Ü 3, S. 46*

Verteilt die Rollen A und B und sucht euch einen französischen Vornamen aus.
Partner A deckt die rechte und Partner B die linke Spalte ab. Nun unterhaltet ihr euch.
Setzt dabei ***à, au, à la, à l', aux*** *und die Formen von* ***aller*** *ein.*
Kontrolliert euch gegenseitig mit den Lösungen in Klammern.
Dann tauscht ihr die Rollen und macht einen zweiten Durchgang!

A	B
Salut, …! (Salut, …! Ça va?)	(Salut, …!) Salut, …! Ça va?
Oui, ça va. Et toi? (Ça va.)	(Oui, ça va. Et toi?) Ça va.
Qu'est-ce que tu fais? (… Alors, on **va à la** salle vidéo. Et toi, tu **vas** où?)	(Qu'est-ce que tu fais?) J'ai deux heures d'allemand. On regarde une vidéo. Alors, on ? ? salle vidéo. Et toi, tu ? où?
Moi, je ? ? gymnase. Tu ? ? cantine à midi? (Oui, et après, je **vais au** café. Et Marine et Charlotte, elles **vont** aussi **au** café?)	(Moi, je **vais au** gymnase. Tu **vas à la** cantine à midi?) Oui, et après, je ? ? café. Et Marine et Charlotte, elles ? aussi ? café?
Non, elles ? ? parc Debrousse. (… Qu'est-ce qu'elle fait **à l'**infirmerie?)	(Non, elles **vont au** parc Debrousse.) Regarde! Voilà Charlotte. Qu'est-ce qu'elle fait ? infirmerie?
Elle montre le collège ? Nicolas. C'est un nouveau dans la 5ᵉA. (Et voilà Simon et David. Ils **vont aux** toilettes.)	(Elle montre le collège **à** Nicolas …) Et voilà Simon et David. Ils ? ? toilettes.
Mais non, regarde, ils ? ? CDI. (Simon montre un CD **à** David.)	(Mais non, regarde, ils **vont au** CDI.) Simon montre un CD ? David.
Mais, qu'est-ce que c'est? C'est mon CD de rap!! (… On **va** vite **à la** salle vidéo!)	(Mais qu'est-ce que c'est? C'est mon CD de rap!!) Zut, la prof d'allemand! On ? vite ? salle vidéo!

Tandembogen zu Lektion 8

7 Je ne suis pas d'accord! *nach SB Ü 5, S. 76*

Der Ton macht die Musik – das gilt auch für jedes Gespräch. Mit diesem etwas anderen Tandembogen könnt ihr mit einem Partner verschiedene Stimmlagen ausprobieren und so mit der französischen Sprache spielen.

1. *Zuerst liest jeder den Dialog leise für sich, dann verteilt ihr die Rollen.*
2. *Wenn ihr nun den Text zum ersten Mal laut vorlest, achtet auf die Betonung der fett gedruckten Wörter.*
3. *Spielt jetzt mit der Stimm(ungs-)lage: Lest den Text mehrmals vor, und zwar auf verschiedene Weise: langsam, leise und ruhig oder schnell, laut und wütend. Ihr seid z.B. am Anfang sehr höflich und freundlich, werdet dann aber immer ärgerlicher. Oder einer bewahrt die Ruhe, während der andere sich furchtbar aufregt. Natürlich könnt Ihr euch auch andere Varianten ausdenken: supercool, ängstlich, traurig, ...*
4. *Nicht nur mit der Stimme, auch mit eurem Gesicht und eurem Körper könnt ihr eine Menge ausdrücken! Probiert es einfach aus. Viel Spaß!*

A	B
Salut, Julien!	
	Salut, Pierre! Ça va?
Non, ça ne va pas.	
	Ah! Et pourquoi ça ne va pas?
J'organise la fête du club de foot, et il y a **beaucoup** de problèmes.	
	Ah, je comprends! Parce que **moi aussi**, j'organise la fête! Mes copains vont préparer la salle.
Mais non! Tes copains vont faire les **courses**. Isabelle et Malika vont préparer la salle.	
	Non! Isabelle et Malika vont préparer **les salades**. Et Maxime va acheter le coca.
Non, non! Maxime ne va pas acheter le coca. Il va apporter **ses CD**.	
	Oh, non! Maxime ne va pas apporter ses CD. Luc et ses copains vont apporter **leurs CD**.
Non, je ne suis pas d'accord. Je n'aime pas les CD de Luc et de ses copains. Moi, je vais faire **un karaoké**.	
	Non! Pas d'accord! **Moi**, je vais faire le karaoké et je vais inviter Marine et ses copines.
Non, non et non! Je **déteste** les copines de Marine. Je vais inviter **Isabelle** et ses copines.	
	Je ne suis pas d'accord. Alors, je vais organiser **ma** fête pour **mes** copains.
Et moi, je vais organiser **ma** fête avec **mes** copains. La fête va commencer vendredi soir à huit heures.	
	Et ma fête va commencer **samedi** soir à **neuf** heures. Au revoir!
Salut.	

Lösungen der Auto-contrôle-Übungen

Hier findest du die Lösungen zu den Auto-contrôle-Übungen. Wenn du noch Fehler gemacht hast, schau dir die Tipps in der rechten Spalte an.

LÖSUNGEN	TIPPS

LEÇON 1 auto-contrôle (S. 9)

1 Qu'est-ce qu'on dit en français?

1. – Salut! – Bonjour!
2. – Je m'appelle … – Comment tu t'appelles?
3. – Qui est-ce? – C'est Kiki. Et voilà Léo.
4. – Ça va? – Merci, ça va!
5. – Salut! – Au revoir!

Du erinnerst dich nicht mehr genau?
– Lies noch einmal den **Text** „Léo et Kiki" und den **On-dit-Kasten** „Salut, ça va?" im Schülerbuch. Oder:
– Wiederhole die Ausdrücke mit deinen **Karteikarten** aus der Schülerbuch-Übung 5.

2 Un/une

1. Léo est **un** chien.
2. Pierre est **un** copain, et Amélie est **une** copine.
3. Voilà **un** poulet et **une** quiche.

Mehr als ein Fehler?
Schau die Nomen *chien, copain, copine, poulet* und *quiche* in den **Vokabeln zur Leçon 1** (S. 121) an und schreibe sie mit dem Artikel un/une in dein Hausheft.

LEÇON 2 auto-contrôle (S. 19)

1 Qu'est-ce qu'on dit en français?

1. Est-ce qu'il y a un supermarché dans le quartier?
2. L'école, c'est où sur le plan?
3. L'école est là.
4. Et qu'est-ce que c'est? Un hôpital?
5. D'accord.
6. Gagné! C'est cool!

Nimm die deutschen Sätze und die französischen Lösungen auf **Kassette** auf. Mache beim Aufnehmen nach den deutschen Sätzen immer eine Pause. Wenn du nun die Kassette abspielst, sprichst du den französischen Satz in die Pause hinein und hörst ihn anschließend.
Übe so oft mit der Kassette, bis du alle Sätze kannst.

2 Un, une/le, la, l'

1. Voilà **une** casquette. C'est **la** casquette de Farid.
2. Voilà **un** sac. C'est **le** sac de Kathrin.
3. Voilà **un** plan. C'est **le** plan de Silke.
4. Voilà **une** école. C'est **l'**école de Charlotte.

Lerne neue Vokabeln immer mit dem **unbestimmten Artikel un** oder **une**. Dann weißt du sofort, ob das Wort männlich oder weiblich ist – auch dann, wenn es mit Vokal beginnt!

3 Vocabulaire

un pull, **une** banane, **une** orange, **une** BD, **un** sac, **un** garçon

Welches Wort war am schwierigsten für dich? Finde eine **Eselsbrücke**, mit der du es dir besser merken kannst. Z. B. **Gamal/Gabriel/Gunnar** est un **garçon**. (Achte auf den Akzent!)

4 Le verbe *être*

1. Je **suis** à Paris. 2. Silke, tu **es** de Berlin, non? 3. Charlotte **est** la copine d'Amélie. 4. Nous **sommes** dans le quartier Gambetta. 5. Vous **êtes** aussi à Paris? 6. Pierre et Farid **sont** dans le parc Debrousse.

Lerne den folgenden **être-Reim** auswendig:
Je suis, tu es, il est,
Marine est de Calais.
Nous sommes, vous êtes, ils sont
à Paris avec Manon.

LEÇON 3 auto-contrôle (S. 30–31)

1 Qu'est-ce qu'on dit en français?

1. Je cherche un cadeau d'anniversaire. 2. Tu cherches un CD de rap? 3. Je déteste le rap. 4. Joyeux anniversaire! 5. Zut! Où sont Léo et Minette? 6. Est-ce qu'ils sont dans la douche?

Echo-Lesen: Lies den Text 3 B „L'ordinateur de Charlotte" Satz für Satz: Schau nach jedem Satz kurz vom Buch auf und wiederhole ihn laut aus dem Gedächtnis. Erst dann liest du den nächsten Satz.

2 Les verbes en *-er*

tu trouves	nous **trouvons**	**trouver**	finden
je **prépare**	**ils/elles** préparent	préparer	**vor-/zubereiten**
il **aime**	**vous** aimez	**aimer**	lieben/mögen
tu **détestes**	vous **détestez**	détester	**gar nicht mögen**
je **chante**	**nous** chantons	**chanter**	singen
elle **cherche**	elles **cherchent**	chercher	**suchen**
on **écoute**	**ils/elles** écoutent	**écouter**	hören/zuhören
tu entres	nous **entrons**	**entrer**	eintreten
j'installe	**vous** installez	**installer**	etwas anschließen

Schreibe die drei Verben, die du am wenigsten gut behalten kannst, auf Karteikarten und **kreise** jeweils die **Endungen** rot **ein.**

LÖSUNGEN

TIPPS

3 Les articles

1. l'anniversaire, 2. **la** chambre, 3. **les** copains, 4. **une** table, 5. **la** table, 6. **un** carton, 7. **le** carton, 8. **un** éléphant, 9. **L'**éléphant, 10. **un** cadeau, 11. **un** poulet, 12. **Les** copains, 13. **le** poulet, 14. **la** mayonnaise, 15. **une** baguette, 16. **des** bananes, 17. **des** oranges, 18. **un** match

Unbestimmter oder bestimmter Artikel?
Un, une, des nimmst du, wenn der Gegenstand / die Sache nicht bekannt oder näher bestimmt ist. *Le, la, l', les* nimmst du, wenn es eine nähere Bestimmung gibt («**l'**anniversaire **de** Julien») oder du den Gegenstand bereits aus einem vorigen Satz kennst («Il y a une table. C'est **la** table de Julien.»)

4 Vocabulaire

1. un appartement, 2. un couloir, 3. un salon, 4. une cuisine, 5. une chambre;
1. un ordinateur, 2. installer, 3. Internet, 4. un CD-ROM

Lies noch einmal dein Vokabelnetz zum Thema „l'appartement" durch (SB Ü 8, S. 25). Erstelle immer ein solches **Vokabelnetz**, wenn du mehrere Wörter zu einem Thema lernst!

LEÇON 4 auto-contrôle (S. 42–43)

1 Qu'est-ce qu'on dit en français?

1. Qu'est-ce que tu fais samedi? (Est-ce que) tu as déjà une idée?
2. Je ne sais pas.
3. Ce n'est pas un problème. Nous avons rendez-vous avec Simon.
4. Simon aime le volley. Et il aime surfer sur Internet.
5. C'est très marrant.
6. Alors, à samedi, chez Simon!

Schreibe die Redewendungen
- Je ne sais pas.
- Ce n'est pas un problème.
- C'est très marrant.
- A samedi.

auf vier **Karteikarten** (die deutsche Übersetzung kommt auf die Rückseite) und bitte einen Mitschüler, dich abzufragen.

2 Vocabulaire

le copain – la copine; le garçon – la fille; le salon – la cuisine; le dimanche – le samedi; le/la prof – l'élève; la musique – le karaoké; le ping-pong – le foot; l'Allemagne – la France

Schreibe die zusammengehörenden **Wortpaare** in dein Heft und präge sie dir ein. Du kannst dir Vokabeln nämlich immer besser merken, wenn sie in einem **Zusammenhang** stehen.

3 Ne ... pas

1. Non, **elles ne cherchent pas** l'hôpital Tenon. 2. Non, il **n'installe pas** la table de ping-pong. 3. Non, elles **ne préparent pas** un projet de français. 4. Non, elle **n'adore pas** le volley, elle adore le cinéma.

Im Deutschen brauchst du zum Verneinen nur das **eine Wort** „nicht", im Französischen musst du an **zwei Wörtchen** denken: «**ne**» und «**pas**»!

4 L'anniversaire de Julie

Mme Garnier: Samedi, Julie **a** 5 ans. Qu'est-ce qu'on **fait** pour son anniversaire?
M. Garnier: Julie adore la quiche ... Alors, nous **faisons** une quiche.
Charlotte: Mmmm! Est-ce que vous **avez** déjà un cadeau?
Mme Garnier: Mais oui! Nous **avons** un éléphant. [...]
M. Garnier: Et toi, Charlotte? Tu **as** une idée pour l'anniversaire de ta sœur?
Charlotte: Moi? J'**ai** une casquette pour Julie. Et puis, je **fais** un poème.
Mme Garnier: Tu **fais** un poème? [...]
Charlotte: Oui, et les copains de Julie **ont** aussi une idée: ils **font** un rap et ils chantent le rap pour Julie! Papa et toi, vous **faites** des photos, d'accord?

Lerne die folgenden **Merkgedichte** auswendig oder erfinde selber welche!

*J'**ai**, tu **as**, il **a***
un cadeau pour Malika.
*Nous **avons**, vous **avez**, ils **ont***
*les photos pour les **garçons**.*

*Je **fais**, tu **fais**, il **fait**,*
une photo pour le projet.
*Nous **faisons** et vous **faites***
une baguette pour Minette.
*Et que **font** les deux garçons?*
*Ils **font** une quiche pour Simon!*

5 Mon, ma, mes

1. Où est **mon** éléphant? Où est **mon** poème? 2. Où est **ma** casquette? Où sont **mes** photos? 3. Tu cherches **tes** photos? 4. Et voilà **ton** poème. 5. Elle cherche **son** éléphant? 6. Elle ne trouve pas **sa** casquette?

Zeichne in dein Heft Dinge, die dir gehören und schreibe daneben:
«Voilà *ma* chambre. Voilà *mes* CD. Voilà *mon* ordinateur, ...»

LEÇON 5 auto-contrôle (S. 51)

1 Qu'est-ce qu'on dit en français?

1. – Tu vas à la cantine maintenant? – Oui, mais d'abord, je vais aux toilettes.
2. – Après la cantine, tu vas au gymnase?
   – Non, je rentre à la maison.
3. – Ah! Tu es malade? – Oui, j'ai mal à la tête.
4. – Tu habites où? – J'habite dans la rue Orfila.

Fragen und Antworten kann man am besten zu zweit üben. Einer schreibt die Fragen auf, der andere die Antworten. Dann **spielt ihr den Dialog nach**. Im Anschluss könnt ihr die Rollen tauschen.

LÖSUNGEN | **TIPPS**

2 A + article

1. **au** supermarché
2. **à** l'hôpital
3. **au** parc
4. **au** cinéma
5. **à la** maison, **aux** toilettes
6. **à** Paris

Du siehst: Hier ist es wieder ganz wichtig, dass du den Artikel der Wörter kennst.
Schreibe deshalb die Nomen, bei denen du dir den Artikel schlecht merken kannst, in eine *rote (une photo)* und eine ***blaue (un problème)*** **Liste**. Führe diese beiden Listen regelmäßig fort.

3 Vocabulaire

1. l'infirmerie; 2. la cantine; 3. soixante et un; 4. numéro de téléphone

Wenn du zu den Vokabeln eine **Zeichnung** anfertigst, behältst du sie leichter. Z.B. Messer und Gabel für *cantine*.

4 Les verbes

1. A 7 h 30, les élèves **vont** au collège. 2. Et vous, vous **allez** où? 3. Après les maths, nous **avons** une heure d'allemand. 4. Qu'est-ce que tu **fais** à midi? 5. Je **vais** à la cantine. 6. Dimanche, les copains **font** des photos. 7. Ma copine et moi, nous **faisons** des quiches. 8. A 16 h, Marine **a** rendez-vous avec Simon.

Oft kannst du durch den **Zusammenhang** herausfinden, welches Verb in die Lücke passt: Folgt eine Ortsangabe (*au* collège, *où*), ist es eine Form von *aller*. Um *faire* und *avoir* zu unterscheiden, musst du den Satz ins Deutsche übersetzen („Am Sonntag ... die Freunde Fotos." ⟶ „machen" ⟶ *faire*).

LEÇON 6 auto-contrôle (S. 62–63)

1 Qu'est-ce qu'on dit en français?

1. J'ai rendez-vous avec mon copain Nicolas devant la Samaritaine. 2. De la terrasse, on a une vue super sur Paris! 3. Ça, c'est une idée. Est-ce que nous prenons (est-ce qu'on prend) l'escalier? Nous avons (on a) le temps!
4. Arrête! Je n'ai pas envie. Je prends l'ascenseur.
5. Est-ce que on prend (nous prenons) un coca sur la terrasse?
6. Ce n'est pas un peu cher ici?

Sieh dir den On dit-Kasten «D'accord? – Oh non!» noch einmal an oder übe mit deinen **On dit-Karteikarten**.

2 Vocabulaire

station – envie – boulangerie – appétit – grand – étages – terrasse – ascenseur – mère – frère
Lösungswort: COMPRENDRE

Suche in der Lektion 6 für jede Vokabel den **Satz, in dem sie zum ersten Mal vorkommt.** Schreibe die zehn Sätze in dein Heft.

3 Mon, notre, votre, leurs?

1. **tes** copines, 2. **notre** copain, 3. **leur** prof de français, 4. **son** frère, 5. **ma** quiche lorraine, 6. **votre** quiche

Zwei Fragen helfen dir, den richtigen Possessivbegleiter zu finden: 1. Steht das Nomen im **Singular oder im Plural**? 2. Wenn es im Singular steht: Ist es **Maskulinum oder Femininum**?

4 De + article

1. la documentaliste **du** collège, 2. le prof d'allemand **de la** 5eA, 3. l'emploi du temps **des** élèves, 4. la cantine **de l'**école, 5. une photo **des** correspondants; 6. le chien **du** prof

Um zu entscheiden, ob es *du* oder *de la* heißt, musst du das Geschlecht der Wörter kennen! Wenn du unsicher bist, schau in der **alphabetischen Wörterliste** *(liste des mots)* ab S. 156 nach.

LEÇON 7 auto-contrôle (S. 73–74)

1 Qu'est-ce qu'on dit en français?

1. C'est à moi. Je voudrais un ananas. 2. C'est combien, les bananes? 3. Alors, je prends un kilo de bananes. 4. Non. Je voudrais encore trois citrons. 5. C'est tout. Ça fait combien? 6. Voilà 10 €. 7. Au revoir et à bientôt

Lies den Text 7 A noch einmal durch und schreib die „Einkaufs-**Redemittel**" in dein Heft.

2 Un kilo de ...

1. un **kilo de** pommes; 2. deux **kilos de** bananes; 3. un **kilo d'**oranges; 4. une **bouteille d'**huile; 5. un **kilo de** riz; 6. un **peu de** sel; 7. un **peu de** poivre; 8. un **peu d'**huile; 9. **beaucoup de** quiches

Nicht vergessen: Im Französischen kauft man ein Kilo „von den" Bananen und eine Flasche „von der" Cola!

LÖSUNGEN

3 Les verbes *acheter, préférer, mettre*

acheter: j'**achète**, tu **achètes**, il/elle/on **achète**.
Les copains **achètent** … Et qu'est-ce que vous **achetez** … Nous **achctons** …
préférer: tu **préfères**; nous **préférons**, ils/elles **préfèrent**.
Mme Garnier **préfère** les carottes. … moi, je **préfère** le roller. … vous **préférez** la pizza, non?
mettre: nous **mettons**; vous **mettez**; ils/elles **mettent**.
Qu'est-ce que tu **mets** …; Moi, je **mets** …; Ma mère **met** …

LEÇON 8 auto-contrôle (S. 81–82)

1 Qu'est-ce qu'on dit en français?

1. c C'est dommage. 2. c Merci pour l'invitation.
3. a Pourquoi est-ce que tu demandes ça? 4. b Comme ça.
5. a Ça va être super! 6. c Mais que faire?

2 On va aller à Paris!

1. Mathieu **va prendre des photos**. 2. Thomas et Sébastien **vont regarder les jongleurs**.
3. Marine et Morgane: «Nous **allons faire** les courses.» 4. Julie: «Je **vais prendre l'ascenseur** à la **tour Eiffel**.» 5. «Et vous, Luc et Marie? Est-ce que vous **allez prendre le métro** à la station Gambetta?»

3 Les questions

1. **Est-ce que** les copines vont faire une rando roller?
2. **Où est-ce qu**'elles vont commencer la rando? 3. **Quand est-ce que** la rando va commencer? 4. **Qu'est-ce qu**'elles vont acheter pour la rando? 5. **Pourquoi est-ce qu'**elles vont faire la rando? 6. **Est-ce qu'**elles vont inviter des garçons?

4 Vocabulaire

Isabelle **téléphone** à Malika:
– Demain soir, je vais faire une fête **parce que** mes **parents** ne sont pas à la maison! Tu as le temps?
– Une fête! C'est super! Merci pour **l'invitation**! Quand est-ce que ça **commence**?
– A huit heures. Je **voudrais bien** inviter Pierre aussi. **Dis donc**, tu as son **numéro de portable**?
– Non, mais j'ai son adresse **e-mail**.

LEÇON 9 auto-contrôle (S. 85)

1 Qu'est-ce qu'on dit en français?

Arrêtez – Hört jetzt mal auf!
… si tu veux. – … wenn du magst.
C'est la cata! – Das ist eine Katastrophe / ein Riesenproblem.
Oui, je veux bien. – Ja, gerne.
Reste cool! – Jetzt reg dich nicht auf! / Bleib cool / locker!
Pardon! Je m'excuse.

2 Vocabulaire

1. pique-nique; si; 2. rigole; 3. village; kilomètres; 4. portefeuille; 5. bouge; bateau; tomber

3 Vouloir et pouvoir

1. Vous voul**ez**; je veux; je ne peux pas; on peut 2. Tu veux; nous pouv**ons**; peux; tu veux 3. mes parents veul**ent**, vous voul**ez**; on peut; tu peux; je veux; je peux, tu veux

TIPPS

Achte bei *acheter* und *préférer* besonders auf die Akzente.
Bei *mettre* ist knifflig, ob die Formen ein oder zwei *-t-* haben.
Schreibe die drei Verben am besten noch einmal in dein Heft und **markiere** die Formen, bei denen du einen Fehler gemacht hast oder die du besonders schwierig findest.

Die **Redewendungen** dieser Übung kannst du bei einem Aufenthalt in Frankreich sicher gut brauchen. Schreibe sie deshalb unbedingt mit ihrer deutschen Übersetzung auf **Karteikarten** und **wiederhole sie regelmäßig**!

Lerne den folgenden **Merkvers** auswendig oder erfinde einen ähnlichen:
Je vais, tu vas, il va
à la fête de Malika.
Mais non!
Nous allons, vous allez, ils vont
tout de suite à la maison.

Ähnlichkeiten: Manche Fragewörter haben im Deutschen und im Französischen denselben Vokal!
Wann – *Quand*
Wo – *Où*.

Erstelle ein **Vokabelnetz** zum Thema „la fête". Schreibe dabei die Wörter, die zusammengehören, nebeneinander (z. B. *une invitation / un numéro de portable / téléphoner à*).

Denke dir Sätze oder **Mini-Situationen** aus, zu denen die Redewendungen passen. Z. B.:
– J'adore un garçon de ma classe, mais c'est le copain de ma sœur. *C'est la cata!*
– *Reste cool!*

Wenn du ein Wort nicht so gut behalten kannst, bilde einen lustigen **Merksatz**, in dem es vorkommt. Z. B. „Avec Nicole, on rigole!" oder „On rigole – das ist toll!" oder „Un pique-nique – das ist schick!" oder „Le bateau est sur l'eau." oder „Mon portefeuille est mouillé! – Oh je!"

Merke dir zu *vouloir* und *pouvoir:*
Nur bei ***nous*** und ***vous*** bleibt das ***ou***!

Lösungsvorschläge zu den offenen Übungen

LEÇON 4

5 Faire et être

b 1. Je fais des recherches sur Internet.
2. Tu fais un match de foot.
3. Charlotte fait des quiches pour les copains.
4. Nous faisons un article pour le projet.
5. Vous faites des recherches sur Internet.
6. Pierre et Farid font les devoirs pour demain.

1. Je suis à Paris.
2. Tu es le copain de Pierre.
3. Pierre est avec Charlotte.
4. Nous sommes de Berlin.
5. Vous êtes de Paris?
6. Charlotte et Julie sont dans l'appartement.

8 Vokabelnetz: L'ordinateur

a installer, cliquer, Internet, une photo, un article, un correspondant, une correspondante, une adresse, un cadeau d'anniversaire

b 1. Le cadeau d'anniversaire de Charlotte, c'est un ordinateur.
2. Pierre installe l'ordinateur.
3. Charlotte prépare une page Internet pour son projet.
4. Marine surfe sur Internet.
5. Elle cherche l'adresse de son correspondant Simon.

14 Des idées

b Charlotte aime le ping-pong. Amélie déteste (n'aime pas) le ping-pong. Pierre aime le foot.
Charlotte déteste (n'aime pas) le foot. Amélie adore écouter des CD. Pierre n'aime pas écouter des CD.
Charlotte aime (adore) écouter des CD. Les parents d'Amélie adorent la musique.
Farid aime écouter des CD. Pierre n'aime pas faire ses devoirs.

LEÇON 5

8 On fait des maths!

A
Soixante-neuf moins cinquante-sept, ça fait douze.
Six et vingt et un, ça fait vingt-sept.
Trente-sept moins quatorze, ça fait treize …

B
Dix-huit moins sept, ça fait onze.
Vingt-six et trente-trois, ça fait cinquante-neuf.
Cinquante-cinq et onze, ça fait soixante-six …

LEÇON 6

5 Qu'est-ce qu'on prend?

1. A la Samaritaine, je prends un CD de rap pour Pierre.
2. Tu prends des photos de Paris?
3. D'abord, Farid (Marine) prend une douche.
4. Nous prenons le métro à la station Gambetta.
5. Vous prenez une pizza ou une quiche, Charlotte et Marine?
6. A la tour Eiffel, les copains prennent l'ascenseur.

14 Et maintenant, qu'est-ce qu'on fait?

1. Nicolas et Charlotte ont rendez-vous devant le collège.
Nicolas: Salut, Charlotte! On va au cinéma?
Charlotte: Ça, c'est une idée! Mais j'ai faim, moi!
Nicolas: On prend des sandwichs?
Charlotte: D'accord.
Nicolas: On cherche une boulangerie?
Charlotte: Il y a une boulangerie avenue Gambetta. Et le cinéma MK 2 est avenue Gambetta aussi.
Nicolas: Super.

2. Farid et Pierre sont à la Samaritaine. Ils ont un problème.
Farid: Samedi, c'est l'anniversaire d'Amelie. Tu as une idée pour son cadeau?
Pierre: Je ne sais pas. Oh, regarde: il y a le CD de Faudel!
Farid: Oui, elle adore Faudel. Mais ici, c'est trop cher, Pierre! 19 euros!
Pierre: Euh ... dans le quartier Gambetta, c'est moins cher. Il y a un magasin de CD super.
Farid: O.K. On prend le métro?
Pierre: D'accord.

LEÇON 7

4 Le verbe acheter

b 1. On achète des citrons.
2. J'achète une banane.
3. Tu achètes des oranges.
4. Nous achetons dix bouteilles de coca.
5. Vous achetez des pommes.
6. Ils achètent des tomates.

5 Stratégie: Le rendez-vous

Samedi après-midi, à quatre heures, Marine et Simon sont à la terrasse du café «Le Gambetta». Ils prennent un coca et un jus d'orange. Tout à coup, David et ses copains arrivent au café. Alors, Marine et Simon vont vite chez Charlotte. Chez Charlotte, ils prennent un coca. Puis, les trois copains surfent sur Internet.

14 Pierre invite ses copains

Pierre: Maman, qu'est-ce qu'on **achète** pour demain soir? Charlotte, Farid et Amélie arrivent à sept heures.
Sa mère: Et tes copains, ils **mangent** avec nous?
Pierre: Ben oui!
Sa mère: Alors, j'**achète** des pizzas au supermarché, d'accord?
Pierre: Ah, non, Amélie et Charlotte **préfèrent** les quiches. Et moi aussi!
Sa mère: Alors, nous **achetons** six quiches.
Pierre: Et qu'est-ce que nous **mangeons** comme dessert?
Sa mère: Moi, je **préfère manger** une salade de fruits.
Pierre: Et nous, nous **préférons** tes crêpes! Maman, s'il te plaît, tu fais des crêpes pour nous?

16 Après le collège

D'abord, je rentre à la maison. Je mange souvent des pizzas: la pizza, j'adore ça! Puis, je vais dans ma chambre. Je fais mes devoirs. L'après-midi, je rencontre mes copains. Souvent, on fait un match de foot dans la rue. Ou j'invite mes copains et on surfe sur Internet dans ma chambre. J'ai un super ordinateur! Puis, c'est déjà le soir! Je reste à la maison et je regarde des BD.

LEÇON 8

3 L'invitation

Les copains discutent devant le collège. Un peu plus tard, Charlotte arrive. Pierre invite Charlotte à la fête du club de roller. C'est samedi soir. La fête commence à sept heures. C'est dommage, parce que Charlotte a déjà rendez-vous avec Isabelle et Malika. Mais ce n'est pas un problème: Ils vont téléphoner à Isabelle et à Malika, et ils vont inviter les copines de Charlotte aussi.

8 Après la fête

b Aujourd'hui, le club de roller a dix ans: C'est la fête! Charlotte et les copains du club discutent et dansent. Sébastien, le copain de Pierre, arrive avec une fille, Marie. Un peu plus tard, Sébastien apporte un verre de coca à Charlotte. Puis, il invite Charlotte à la rando Pari Roller. C'est le coup de foudre? Et Marie n'est pas la copine de Sébastien, mais sa sœur! Maintenant, Charlotte a un problème: elle voudrait faire la rando roller avec Sébastien, mais ça commence à 10 heures! M. et Mme Garnier ne vont pas être d'accord ...

14 Stratégie: Französische Originaltexte verstehen

câble: Kabel; *satellite*: Satellit; *sport*: Sport, *reportage*: Reportage; *inspecteur*: Inspektor; *série*: Serie ...

LEÇON 9

5 Astérix et ses copains sur Internet

1. Astronomix, c'est le père d'Astérix.
2. Gélatine, c'est la mère d'Obélix.
3. Idéfix s'appelle Dogmatix en anglais.
4. Les auteurs d'Astérix, ce sont Goscinny et Uderzo.

Hörverstehenstexte

LEÇON 1

8 Les sons

chien – Marine – voilà – toi – un – moi – Julien – ouah ouah! – Céline – Julie – bonjour

LEÇON 2

12 Ils sont où?

1.
Farid: Allô Marie! Ça va?
Marie: Salut, Farid! Qu'est-ce que tu fais?
Farid: Je suis avec Pierre. On fait un match.
Marie: Vous êtes où?
Farid: Nous sommes dans le parc Debrousse.

2.
Kathrin: Bonjour, monsieur. Il y a un hôpital dans le quartier?
Agent: Oui. C'est l'hôpital Tenon.
Silke: Et c'est où?
Agent: On est dans la rue de la Chine. Et l'hôpital Tenon aussi! C'est à une minute!
Kathrin: Ah, super! Merci, monsieur.

3.
M. Renaud: Christine, je suis dans le supermarché Casino. Ecoute, j'achète une pizza … ou euh … une quiche …
Mme Renaud: Il y a aussi des poulets?
M. Renaud: Oui.
Mme Renaud: Alors, tu achètes … un poulet et une baguette, d'accord?
M. Renaud: D'accord! Salut, Christine! … un poulet … une baguette …

LEÇON 3

13 Les chambres de Pierre et de Farid

1.
Dans la chambre de Pierre, il y a une table.
Et il y a un ordinateur. Et voilà trois CD-ROM.
Dans la chambre de Pierre, il y a aussi un sac. Et il y a un pull.
Et dans la chambre de Pierre, il y aussi une quiche.

2.
Dans la chambre de Farid, il y a aussi une table.
Et il y a quatre CD. Ce sont des CD de rap.
Et puis, il y a une BD.
Dans la chambre de Farid, il y a aussi un carton … et une casquette.
Et … il y a une orange.

LEÇON 4

15 Une interview

Amina: Salut. Je m'appelle Amina. J'ai 11 ans. J'aime le karaoké et le volley. J'adore les chiens.
Mathieu: Je m'appelle Mathieu. J'ai 13 ans. Pour moi, le foot, c'est super. Je déteste le karaoké.
Céline: Je m'appelle Céline. J'ai 14 ans. J'adore faire des quiches et écouter des CD. L'ordinateur, ce n'est pas marrant.
Frédéric: Je suis Frédéric. J'ai 12 ans. J'aime surfer sur Internet. Pour moi, les rollers, c'est super. Je n'aime pas les chiens.
Isabelle: Mon nom est Isabelle. J'ai 15 ans. J'adore le cinéma et le rap. Je déteste les devoirs.

LEÇON 5

6 Des éléphants

b un chien, deux chambres, deux éléphants, huit cahiers, six ordinateurs, un hôpital, deux quiches, deux exemples, six cartons, huit élèves, dix casquettes, trois appartements

11 Il est 15 h 15.

1. Il est quelle heure, s'il vous plaît?
   – Il est midi et demie.
   – Merci!
2. Il est quelle heure, s'il te plaît?
   – Il est onze heures moins le quart.
   – Zut! J'ai allemand.
3. Il est quelle heure, s'il vous plaît?
   – Il est dix heures moins cinq.
   – Ah, déjà!
4. Monsieur! Il est quelle heure, s'il vous plaît?
   – Il est minuit.
   – Au revoir!
5. Il est quelle heure, s'il te plaît?
   – Il est trois heures et quart.
   – Je déteste les maths!
6. Oh, Il est quelle heure, s'il vous plaît?
   – Il est cinq heures.

LEÇON 6

3 A Paris

Guide: Bonjour, Mesdames et Messieurs! Guten Tag, meine Damen und Herren! Buenos dias! Buon giorno!

Touristes: Bonjour!

Guide: Bienvenue à Paris, la ville la plus belle du monde! Nous sommes ici sur la place de l'Etoile – et voilà l'Arc de Triomphe: le monument de Napoléon. Et maintenant, nous allons … à la tour Eiffel!

Guide: Voilà, la tour Eiffel. Regardez! La tour a trois étages. Les touristes prennent l'ascenseur … ou l'escalier, mais ça, c'est du sport!

Touristes: Prendre l'escalier? Ah non, merci! Je déteste le sport! Moi, je prends l'ascenseur! … How tall is the Eiffel-Tower? … I don't know. He didn't yet mention it!

Guide: Ça, c'est la Samaritaine. C'est un grand magasin. Il y a dix étages! Sur la terrasse, on a une vue super sur Paris.

Touristes: Génial! Après la visite, on va à la Samaritaine, Christelle!

Christelle: Oui, mon chéri!

Guide: Et voilà, mesdames, messieurs: le Louvre et sa pyramide en verre! C'est le plus grand musée du monde!

Touriste espagnol: ¡Ah, sí! Ahí está la famosa Mona Lisa de Leonardo da Vinci!

Guide: Maintenant, nous traversons la Seine. Et voilà devant vous …

Touristes: Notre-Dame!

Guide: C'est exact!

Touriste: Chérie, tu prends une photo?

Touriste: Attendez une minute, monsieur! Je prends une photo. La vue est fantastique d'ici!

Guide: Sur la droite, le centre Pompidou!

Touriste allemand: Ah! Da wollten wir doch morgen hin, das ist das große Museum für moderne Kunst!

Guide: Mesdames et messieurs, maintenant nous sommes à Montmartre. Devant vous: le Sacré-Cœur. Voilà … C'est la fin de notre visite. Bonne journée!

Touristes: Merci, monsieur! Au revoir! Gracias! Grazie! Thanks! Ciao! Bye-bye! Tschüss!

LEÇON 7

7 Ça fait combien?

Scène 1

Une vendeuse: Achetez mes oranges. Ah! Les belles oranges! 2,50 € le kilo!

Deuxième vendeuse: Regardez mes pommes. 2,20 € le kilo. 10 € seulement les 5 kilos! 10 € les 5 kilos!

Troisième vendeuse: Mes ananas sont super aujourd'hui. 2, 70 € l'ananas!

Scène 2

La cliente: Je voudrais un kilo d'oignons et deux kilos de tomates, s'il vous plaît. Ça fait combien?

Le vendeur: Alors, un kilo d'oignons et deux kilos de tomates. Ça fait 4,95 €, madame.

La cliente: Bon, 4, 95 € … Voilà 5 €, monsieur.

Le vendeur: Et voilà 5 centimes. Merci, madame.

Scène 3

Client: Je voudrais des champignons. C'est combien le kilo?

Vendeuse: Les champignons? Ça fait 5,75 € le kilo.

Client: Hmm. C'est cher. Mais quand même. Un kilo de champignons, s'il vous plaît.

Vendeuse: Très bien. Voilà vos champignons, monsieur.

LEÇON 8

11 Est-ce que le prof est cool?

A dix heures, le prof de français entre dans la salle de classe. Les élèves aiment beaucoup le français. Mais aujourd'hui, ils n'ont pas envie d'apprendre.

Professeur: Aujourd'hui, on va préparer un sketch pour la fête de l'école …

Elèves: Non, non, pas aujourd'hui.

Prof: Alors, qui prend le rôle de …?

Elèves: Non, non! On n'a pas envie.

Prof: Mais qu'est ce que vous avez aujourd'hui?

Un élève: Ben … Aujourd'hui, on va faire la fête!

Prof: Ah bon? Il y une fête au collège?

Un élève: Ce n'est pas votre anniversaire aujourd'hui?

Prof: Mon anniversaire? Mais comment …?

Elèves: Joyeux anniversaire, joyeux anniversaire!

Prof: Oh, merci. Vous êtes vraiment gentils! C'est vrai: C'est mon anniversaire aujourd'hui. Et où est-ce qu'on va faire la fête?

Un élève: Ben, ici, dans notre classe! Vous aimez le rap? On a apporté des CD.

Prof: Ben … le rap … bof …

Un élève: Et on a acheté des chips et des bouteilles de coca!

Prof: Bon, d'accord.

Un élève: Super! Il est cool, notre prof de français!

12 Ecoutez.

1. Farid met un CD.
2. Tu mets un CD?
3. Mets un CD, Farid!
4. Faites une liste!
5. Je m'appelle Isabelle.
6. Prends un jus d'orange, Isabelle!
7. Est-ce que Charlotte a un copain?
8. Appelle Malika!
9. On va inviter les profs.
10. Tu as son numéro de portable?

LEÇON 9

4 Ecoutez: Ouf ou zut?

Scène A
– Waouh! C'est génial! On a une vue super ici!
– Oh, oui. C'est coooooooooool!

Scène B
Vendeuse: «Madame, votre portefeuille!»
Mme Garnier: «Ouf! Merci beaucoup. C'est gentil.»

Scène C
Chien: Ouah! Ouah!
Dame: Mais non! Victor! Reste ici!
Monsieur: Arrête! Zut, mon pull!
Dame: Oh, pardon, monsieur! Je m'excuse! Victor!
Monsieur: Ah, ce n'est pas grave! Je comprends. Moi aussi, j'ai un chien à la maison! Il s'appelle …

Scène D
Marine: Salut, Simon. Tu veux faire du roller avec moi vendredi soir?
Simon: Vendredi soir? Zut! Je ne peux pas. Je vais au cinéma avec mon frère.
Marine: Oh, c'est dommage!

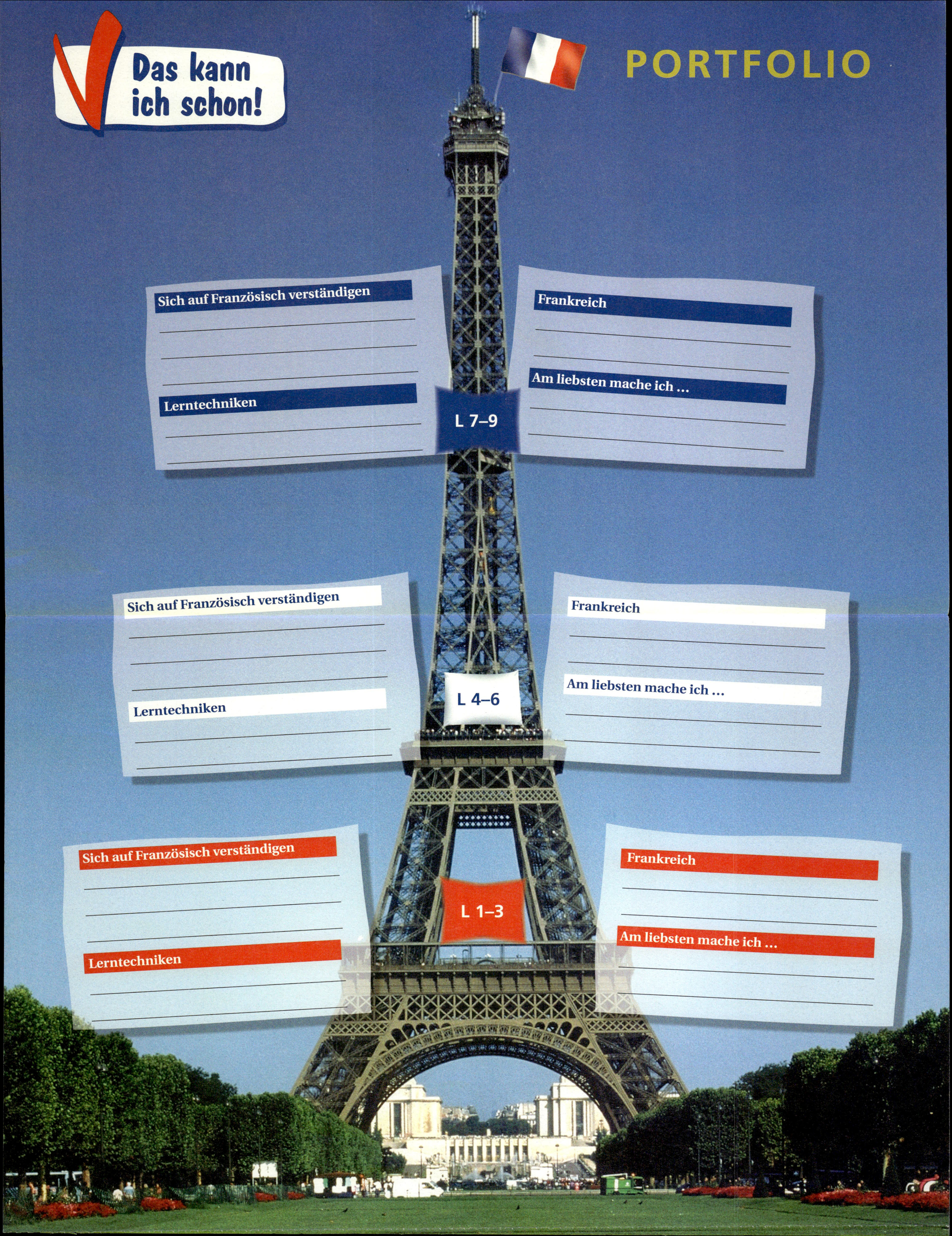
Das kann ich schon!
PORTFOLIO
Sich auf Französisch verständigen
Lerntechniken
L 7–9
Frankreich
Am liebsten mache ich …
Sich auf Französisch verständigen
Lerntechniken
L 4–6
Frankreich
Am liebsten mache ich …
Sich auf Französisch verständigen
Lerntechniken
L 1–3
Frankreich
Am liebsten mache ich …

Mit Tous ensemble zur Spitze des Eiffelturms!

Notiert regelmäßig nach den Lektionen 3 (S. 32), 6 (S. 64) und 9 (S. 88), was ihr in Französisch neu gelernt habt.

Überlegt euch anschließend jeweils, welche der neuen Kenntnisse für euch persönlich wichtig sind: z.B., weil ihr sie im Urlaub oder bei einem Schüleraustausch anwenden könntet, oder weil sie euch helfen, Französisch und andere Fremdsprachen zu lernen; weil sie euch zeigen, wo eure Stärken beim Französischlernen liegen … – oder einfach, weil sie euch interessieren!

Übernehmt diese ausgewählten Einträge dann in das Eiffelturmposter: Nach Lektion 3 erreicht ihr die erste Etage, nach Lektion 6 die zweite und nach Lektion 9 seid ihr Spitze! So wird der Eiffelturm zu eurem persönlichen Lernplakat, das eure wichtigsten Fortschritte dokumentiert.

Un dossier? Ça, c'est une idée!

Besonders gelungene Arbeiten aus dem Französischunterricht solltest du gut aufheben!

Das können Texte sein (Briefe, E-Mails, Gedichte), aber auch die Ergebnisse der Projekte aus *Tous ensemble*, z.B. die Collage „Französische Wörter im Alltag", die Paris-Wandzeitung, die französische Broschüre über eure Schule oder über einen französischen Freizeitpark, die Plakate *«La tour Eiffel»* und *«Mon petit déjeuner»* – kurz: Produkte, die du selbst erstellt hast und die mit Frankreich und Französisch zu tun haben.

Wähle deine besten Arbeiten aus und sammle sie in einer Mappe (auf Französisch: *un dossier*). Beklebe dein Dossier mit französischen Wörtern und Bildern, die du aus Zeitschriften und Prospekten ausschneidest.
So wird das Dossier deine „Französisch-Schatztruhe", mit der du zeigst, was du kannst!